Werner Ekschmitt

Berg Athos

W0064391

HERDER / SPEKTRUM

Band 4321

Das Buch

Berg Athos – schon der Name strahlt die Aura des Geheimnisvollen aus. Der heilige Berg der Ostkirche, der bereits bei den alten Griechen als Göttersitz galt, ist im Laufe der Geschichte zum Inbegriff einer radikal kontemplativen Lebensform geworden. Von der autonomen Mönchsrepublik auf der Chalkidike-Halbinsel in Nord-Griechenland geht seit der ersten Klostergründung Mitte des 10. Jahrhunderts bis heute eine ungebrochene Faszinationskraft aus. Die Tatsache, daß nur den wenigsten Besuchern eine längere Aufenthaltsgenehmigung erteilt wird und Frauen überhaupt keinen Zutritt haben – ein Verbot, das mit einer Marienlegende begründet wird –, erhöht noch den Reiz des Fremdartigen und Unzeitgemäßen. Neben den zwanzig Hauptklöstern existieren auf dem Athos über zweihundert Klein- und Kleinstkirchen sowie zahlreiche Einsiedeleien, in denen zur Zeit rund 1700 Mönche der griechisch-orthodoxen Kirche ein streng asketisches, dem Lärm der Menschheit entrücktes Leben führen. Werner Ekschmitt, ein langjähriger Kenner dieser hermetischen Welt und ihrer Kultur, erzählt die Geschichte und die gegenwärtige Verfassung des Mönchslebens auf dem Athos, erschließt den Schatz der alten Kunstwerke, erläutert die Architektur der Klöster und führt auf hintergrundreiche, detaillierte, zugleich unterhaltsame Weise ein in das komplexe Phänomen des athonitischen Mönchtums an der Jahrtausendschwelle. Für alle engagierten Griechenlandfahrer, die Wissenswertes über den traumhaft schön gelegenen Berg Athos und seine Bewohner erfahren wollen, das zuverlässige und informative Sachbuch.

Der Autor

Werner Ekschmitt, Dr. phil., ist Gräzist und war langjähriger Leiter des Goethe-Instituts in Saloniki. Er lebt heute in Staufen im Breisgau. Bei Herder/Spektrum Vorwort zu: Mircea Eliade, Schamanen, Götter und Mysterien. Die Welt der alten Griechen (Band 4108). Ekschmitt ist durch zahlreiche Monographien zur antiken Archäologie, Landeskunde und Kulturgeschichte bekannt geworden.

Werner Ekschmitt

Berg Athos

Geschichte, Leben und Kultur
der griechischen Mönchsrepublik

Herder

Freiburg · Basel · Wien

Originalveröffentlichung

Alle Rechte vorbehalten – Printed in Germany
© Verlag Herder Freiburg im Breisgau 1994
Satz: Fotosetzerei G. Scheydecker, Freiburg im Breisgau
Druck und Einband: Freiburger Graphische Betriebe 1994
Umschlaggestaltung: Joseph Pölzelbauer
Umschlagfoto: Nicos Mavroyenis, Athosmönche
bei der abendlichen Ruhepause
ISBN 3-451-04321-1

Vorwort

Die Absicht war, ein kleines Sachbuch über den Athos zu schreiben. Sentimentale und schwärmerische Bücher über den heiligen Berg gibt es genug, und solche mit falschem Griechisch auch. Der Leser wird in diesem Taschenbuch auch keine Legenden finden. Die Mönche erzählen so phantastische, ja wenn es sich um ihre selbsttätig agierenden Ikonen handelt, geradezu manifest unsinnige Wundergeschichten, daß man jedesmal mit wahrer Erleichterung zu den vertrauten Wundergeschichten des Neuen Testaments zurückkehrt. Wer Legenden lesen will, muß zu den Büchern von Eller, Spunda, Loch und Huber greifen.

Der Athos ist ein ziemlich komplexes Phänomen. Dieses kleine Buch versucht, möglichst vielen Aspekten gerecht zu werden.

Die wichtigsten Klöster, die Verfassung und Regierung, die verschiedenen Formen des Mönchslebens gehören zum Standard. Aber daneben ist auch die Geschichte des Athos ausführlicher und detaillierter als üblich dargestellt. Es gibt ein eigenes Kapitel über die Bibliotheken, und wer will, kann mehr als Sporadisches über den Hesychasmus erfahren.

Besonderen Dank schulde ich Herrn Dr. Erich Lamberz (München), der regelmäßig in der Bibliothek von Vatopédi arbeitet. Ihm verdanke ich nicht nur Auskünfte, Abhandlungen und Bücher, sondern vor allem auch genauere Informationen über den sensationellen Handschriftenfund, der 1989 in Vatopédi gemacht wurde. Bei der Renovierung der Schatzkammer kamen einundzwanzig byzantinische, zum größten Teil illuminierte Pergamenthandschriften zum Vorschein, die bis dahin völlig unbekannt waren. Ohne Zweifel wird dieser

Fund wie den Verfasser, so auch viele Leser sehr interessieren.

Das Kapitel über die Geschichte des Athos ist ans Ende gesetzt, weil sein Verständnis die Kenntnis der verschiedenen Formen des Mönchslebens und der wichtigsten Klöster zur Voraussetzung hat, die am Anfang nicht erfüllt wäre.

Die verdienstvollen Pläne der Klöster sind dem Buch von E. Feigl, *Athos. Vorhölle zum Paradies* (Wien – Hamburg 1982) entnommen. Das informative Buch ist leider durch zwei formale Unebenheiten nicht wenig beeinträchtigt: durch einen aussichtslosen Kampf mit dem griechischen Genitiv und durch eine wahrhaft chaotische Namenschreibung. – Die genaue Karte wird dem Buch von Sydney Loch, *Athos: The Holy Mountain* (London 1957) verdankt.

Zur neugriechischen Aussprache möchte ich hier nur anführen, daß das *z* wie stimmhaftes *s* gesprochen wird, also Trápeza wie Trápesa, dagegen das *s* scharf wie *ss* gesprochen wird, also rháson (Kutte) wie rhásson, ebenso am Anfang: Savas wie Ssavas.

Staufen i. Br., März 1994 *W. E.*

Inhalt

Einleitung

Die makedonische Halbinsel Chalkídike sendet ihrerseits drei weitere Halbinseln nach Südwesten aus, Kassándra, Sithonía und Athos. Sie laufen parallel und sind an Umfang und Größe fast völlig gleich. Man würde vermuten, daß sie auch im Charakter ganz ähnlich sind, aber der Unterschied könnte nicht größer sein. Kassándra und Sithonía sind dünnbesiedelte elegische Hügellandschaften mit friedlichen Sandstränden und lichten Kiefernwäldern. Der Athos dagegen ist ein Waldgebirge, in seiner ganzen Länge von einem mittleren Höhenrücken durchzogen, der sich am Ende zu einem gewaltigen Gipfel auftürmt, der über zweitausend Meter unmittelbar aus dem Meer aufsteigt.

Und so, wie der Athos von seinen Parallel-Halbinseln völlig abweicht, so findet er auch in ganz Griechenland nicht seinesgleichen. Weder auf dem Festland noch auf dem Peloponnes gibt es eine Landschaft, die an Großartigkeit und Reichtum dem Athos vergleichbar wäre. Am nächsten kommt ihm der Pélion, auch er eine Halbinsel mit parallelen Küsten, auch er ein dicht bewaldetes Gebirgsland. Aber die Wälder des Pélion sind fast gänzlich Kastanienwälder, die, so selten sie sich in Griechenland finden, seiner Vegetation doch eine starke Monotonie verleihen. Der Athos besitzt eine Vielfalt von Bäumen, Sträuchern, Pflanzen und Blumen, wie wir ihr in keiner anderen Landschaft Griechenlands auch nur entfernt begegnen. Die Sache grenzt ans Wunderbare und wird botanisch nicht leicht zu erklären sein, besonders wenn man den bescheidenen Stand der Nachbarhalbinseln zur Folie nimmt. Reichtum und Vielfalt an Pflanzen und Gewächsen übertreffen auf dem Athos alles bei weitem, was sonst in Griechenland zu finden ist. Es klingt übertrieben und phantastisch – und ist doch die reine Wahrheit. Unter diesem Sondergut des Athos sind auch viele aromatische Pflanzen. Im Frühling und Sommer ist die ganze Halbinsel von starken, wunderbar aromatischen Düften erfüllt, wie ich sie auf all meinen Reisen nirgendwo sonst erlebt habe.

Die Mönchsasketen des Athos leben also in einer wahrhaft paradiesischen Landschaft, wie sie keinem anderen der berühmten, heute längst erloschenen Mönchsberge des Mittelalters zuteil war. Man könnte, spezifischer, auch sagen: Sie leben in einer franziskanischen Landschaft, obwohl der Mönchsgeist des Athos gerade nicht franziskanisch ist. Selbst wenn sie die sie umgebende Natur bewußt ignorieren wollten, sie könnten es nicht, die Natur hielte sie unbewußt in ihrem Zauber. Aber sie ignorieren sie nicht, haben sie doch ihrer Halbinsel den Ehrennamen „Garten der Allerheiligsten (Jungfrau)" gegeben. Viele von ihnen züchten Blumen, nicht nur in den Gärten, sondern auch auf ihren Balkons und vor ihren Fenstern. Auch die Asketen übersehen die Schönheit der Schöpfung nicht, sie freuen sich daran.

Man hat gesagt, wenn einmal das Klosterleben auf dem Athos erlöschen sollte, seine wunderbare Natur werde ewig bleiben. Nichts bleibt ewig, an das Menschen ihre Hand legen können. Auch für den Athos gilt das Wort der Herakliteer: *Alles fließt, und nichts bleibt.* Und es gilt seit neuestem gerade auch für seine Natur. Nachdem die Wälder, Hänge und Buchten des Mönchslandes tausend Jahre lang in ihrer Unberührtheit verharrt hatten, brach ausgerechnet zur Tausendjahrfeier 1963 ein großer Wandel über sie herein. Um den hohen Herrschaften aus Kirche und Staat, die zu diesem Fest auf dem heiligen Berg zusammenströmten, einen mühsamen Ritt auf Esel oder Muli vom Hafen Dáphni zur Hauptstadt Karyés zu ersparen, legte man eine Fahrstraße an und setzte Jeeps und Militärlastwagen darauf ein. Die Zahl der Ehrengäste wurde auf 800–1000 geschätzt. Das war der Anfang. Inzwischen sind fast alle Klöster durch Autostraßen miteinander verbunden, auf denen Busse, Jeeps, Traktoren und Lastwagen fahren. Das alles wäre um 1950 noch ganz undenkbar gewesen. Auch viele Forststraßen sind angelegt worden. Dieser ganze Straßenbau erfolgte zum großen Teil ohne jeden Gedanken an Umweltschonung. Trassenführung und Abkippen der Erde zerstörte ganze Hänge und Täler. Schönheit und Unberührtheit sind an vielen Orten für immer dahin.

Zu dieser Zerstörung durch Menschenhand kamen große Brände. Bis dahin hatte man immer wieder von Klosterbränden auf dem Athos gehört, jedoch fast nie von Waldbränden. Auf merkwürdige Weise häuften sie sich im Jahre 1990. Schon im Februar, noch mitten im Winter, kam es zu einem ersten großen Waldbrand. Man muß dabei bedenken, daß die Zahl der Menschen auf dem Athos gering ist und die Erstickung größerer Brände schwierig. Der Februarbrand entstand in einem Kellíon bei Karyés und vernichtete große Teile der schönen Kastanienwälder um die Hauptstadt. Das in der Nähe gelegene Kloster Koutloumousíou verlor seinen gesamten Waldbestand. Erst der Einsatz von Löschflugzeugen konnte das Feuer nach drei Tagen zum Ersticken bringen.

Im Mai kam es zu einem zweiten Großbrand in einem Metóchion des Klosters Ajíou Pávlou. Diesmal waren aber die Löschflugzeuge schneller im Einsatz, und der Schaden konnte begrenzt werden.

Mitte August mußten die Löschflugzeuge zum drittenmal über den heiligen Berg aufsteigen, gegen den größten Brand, von dem wir aus der Geschichte des Athos wissen. Das Feuer war in den Hügeln von Próvata an der Ostküste (s. Karte) ausgebrochen; es hatte, durch unglückliche Nordostwinde angefacht, den Gebirgskamm überschritten und drang auf breiter Front gegen die Klöster Grigoríou und Simonópetra und den Hafen Dáphni vor. Trotz ständigen Einsatzes von sieben Löschflugzeugen hielt der Brand eine ganze Woche an. Er legte eine breite Brandschneise quer über die Halbinsel. Die Klöster Karakállou, Philothéou, Aj. Pávlou, Dionysíou, Grigoríou und Simonópetra verloren den größten Teil ihrer Wälder. Das Kloster Simonópetra, das schon im vorigen Jahrhundert zweimal

Klöster   ⁑ SIMONÓPETRA

Dependancen   + PROPHÍTIS ILÍAS

Andere Orte   ● Dáphni

Antike Namen   (DION)

Fußwege   - - - - - - -

Maßstab 1 : 100000
Kilometer

0   5   10   15

BERG

ATHOS (AKTE)

⁑ VATOPÉDI
+ AJ. DIMÍTRIOS
+ BOGORÓDITSA
+ PANTOKRÁTOROS
⁑ STAVRONIKÍTA
AJ. ANDREAS
KARYÉS ■ KOUTLOUMOUSÍOU
⁑ IVÍRON
● Mylopotámou
ELEÍMONOS PHILOTHÉOU
(ONAI)
⁑ KARAKÁLLOU
⁑ XEROPOTÁMOU
PROVÁTA
● Dáphni
● Morphonoú
Kap Chelóna
+ LAKKOU
⁑ SIMONÓPETRA
MEG. LAVRA ⁑
Gipfel
▲ 2039 m.
⁑ GRIGORÍOU
● Kerasía
AJ. GEÓRGIOS +
+ PRODRÓMOU
Kap Ákrathos
DIONYSÍOU ⁑
⁑ AJÍOU PÁVLOU
+ KARAVOSTÁSI
CARMEL
+ AJ. NILOS
+ KAPSOKALÝVIA
NEA SKITI
+ AJÍA ÁNNA
ÁJIOS BASÍLIOS +
Christophoros-Insel
MIKRÍ AJÍA ÁNNA
+ KATOUNÁKIA
+ KAROÚLIA
Kap Nymphäon

vollständig abgebrannt war, stand in Gefahr, aufs neue vernichtet zu werden. Schon hatten einige seiner Balkons Feuer gefangen, als es beherzten Mönchen und Arbeitern, die sich nicht hatten evakuieren lassen, gelang, das Kloster von innen zu retten. Erst der Einsatz von Spezialmaschinen der deutschen Bundeswehr machte dem Inferno ein Ende. Der ungeheure Brand war nachts bis weit in den Norden der Halbinsel zu sehen. Er hatte auch zahlreiche Kellíen vernichtet, doch waren Menschenleben, wie die Berichte lauten, nicht zu beklagen. Als das Feuer erlosch, war es der 27. August, für den Athos der 14. Auf den nächsten Tag, den 15., fiel das große Fest von Mariä Heimgang – Kímisis tis Theotókou – das mit der größten Dankbarkeit gefeiert wurde.

Die Waldbrände bedeuten nicht nur einen großen, auf Jahrzehnte unersetzlichen Verlust an Schönheit der Natur und Landschaft, sondern sind für die Klöster auch eine schwere wirtschaftliche Beeinträchtigung. Denn sie hatten seit langem ihren ganzen Landbesitz, aus dessen Erträgen sie hauptsächlich lebten, sowohl im kommunistischen Ausland als auch im griechischen Mutterland durch staatliche Beschlagnahme verloren. Der einzige einträgliche Besitz, der ihnen geblieben ist, sind ihre Wälder. Holz ist selten in Griechenland und wertvoll. Die Gefahr ist natürlich groß, daß die Klöster ihre Wälder „überfällen", so daß der Nachwuchs nicht mithalten kann. Diese Gefahr ist um so größer, als die Klöster wie in mehreren anderen wirtschaftlichen Fragen auch hierin exemt und den Regeln der griechischen Forstverwaltung nicht unterworfen sind. Die Versuchung ist groß, und es bleibt zu befürchten, daß ihr nicht überall und auf die Dauer widerstanden wird. Sehr problematisch ist, daß viele Klöster ihre Wälder nicht selbst bewirtschaften, sondern Forstlizenzen vergeben. Da ist Mißbrauch fast vorprogrammiert. Es wird bereits von deutlichen Landschaftsveränderungen berichtet. Die ganze Welt ist seit 1945 einer immer stärkeren Zerstörung durch Technisierung ausgesetzt. Und nun sehen wir, daß auch die paradiesische Natur des Athos seit 1963 schwere Eingriffe hat erfahren müssen, die drohen, sie in kurzer Zeit zu verändern und ihrer unvergleichlichen Einmaligkeit zu berauben.

Der andere große und einmalige Besitz des Athos sind seine zwanzig Klöster und zwölf Skiten, Mönchssiedlungen. (Das Wort *skíti* ist vom Substantiv *askitírion, asketérion* = Übungsstätte abgeleitet). Sie bilden sozusagen Oasen in der weiten Natureinsamkeit. Jede dieser Oasen hat ihren eigenen, unverwechselbaren Charakter. Von den Klöstern tragen die meisten immer noch Festungscharakter. Aber sie sind durch landschaftliche Lage, geschichtliche Entwicklung sowie durch Umfang der Baustiftungen stark voneinander unterschieden.

Das Kloster Aj. Pávlou. Zeichnung von T. Taylor nach einer Photographie von Comte B. de Nadaillac (1896)

Die Klöster und großen Skiten stellen einen außerordentlichen Reichtum architektonischer Vielfalt dar. Allein schon, was heute jedem, auch jedem weiblichen Touristen möglich ist, zu Schiff am heiligen Berg entlangzufahren macht einen unvergeßlichen Eindruck. Kein Kloster ist dem anderen gleich, und die Mehrzahl von ihnen ist durch Besonderheiten der Lage, Anlage und Architektur vielfältig ausgezeichnet.

Die Klöster waren noch vor einem Menschenalter stark in Gefahr, gänzlich entvölkert zu werden. Selbst in vielen griechischen Klöstern war die Mannschaft gering und völlig überaltert. Die weitläufigen Anlagen instand zu halten, waren die Bewohner nicht mehr ausreichend, geschweige bei Bränden, die öfter vorkamen, den erforderlichen Einsatz zu leisten. Inzwischen hat sich die Lage deutlich gebessert. Es gibt wieder eine größere Zahl junger Mönche auf dem Athos, und seit 1990 sind alle Klöster zur kinovitischen Lebensform zurückgekehrt. Der unsägliche Plan, der Anfang der siebziger Jahre von der Militärjunta ventiliert wurde, die wenigen verbliebenen Mönche in ein paar benachbarten Klöstern zu konzentrieren und den großen Rest des heiligen Berges dem Tourismus frei- und preiszugeben, wird nicht mehr erwogen. Was der Tourismus anrichtet, hat die Entleerung der Metéora-Klöster erschreckend gezeigt. Nach Jahrhunderten ungestörten Mönchslebens wurden sie durch den Tourismus innerhalb weniger Jahre völlig entäußert. Die Mönche, die Ruhe, Frieden, Zurückgezogenheit und Gleichmaß des Lebens suchten, wurden vom Tourismus vertrieben. Ein Teil von ihnen zog sich auf den Athos zurück und trug damit zur Regeneration des heiligen Berges bei. So kann nun der Athos dem neuen Jahrhundert und Jahrtausend mit ganz anderen Hoffnungen entgegensehen, als es noch vor wenigen Jahren möglich schien.

Welch bedeutende Schatzhäuser die Klöster an Fresken, Ikonen, Handschriften, Zimelien und – für die Mönche zuerst und vor allem – an Reliquien sind, das wird die Darstellung der einzelnen erweisen.

Die Formen des Mönchslebens
auf dem Athos

Die kinovitischen Klöster

Das Mönchsleben auf dem Athos nimmt ganz unterschiedliche Formen an je nachdem, ob der Mönch einem Kloster, einer Skíti oder einem Kellíon angehört oder ob er als einzelner allein für sich lebt, sei es seßhaft als Eremit, sei es herumwandernd als Jyrévte *(gyreutḗs)*. Wir ordnen unsere Darstellung nach dieser Abstufung.

Das Mönchsleben, wie es der allgemeinen westlichen Auffassung vom Mönchtum am nächsten entspricht und im 10. Jh. vom hl. Athanasios auf dem Athos eingeführt wurde, ist das in einem *kinovitischen* Kloster oder auch einfach *Kinóvion (koinóbion)*, d.h. einem Kloster des *gemeinsamen Lebens*. Die Mönche haben das Gelübde des Gehorsams, der Armut und der Keuschheit in Gedanken, Worten und Werken abgelegt und führen ihr heiligmäßiges Leben in Gemeinschaft. Sie halten alle Gottesdienste und alle Fasten gemeinsam, sie essen gemeinsam, und sie schlafen zum Teil gemeinsam. In den Kinóvien gibt es grundsätzlich kein Fleisch zu essen. Dreimal in der Woche, montags, mittwochs und freitags, wird gefastet, d.h., es gibt nur eine Mahlzeit an diesen Tagen. Die Ernährungsweise der kinovitischen Mönche ist also betont streng und frugal.

Geleitet wird das Kloster von einem Abt, der auf Lebenszeit gewählt wird, mindestens vierzig Jahre alt sein muß und dem Kloster nach Möglichkeit bereits seit zehn Jahren angehören soll. Ist die Mönchsgemeinschaft sehr klein, so daß sich kein geeigneter Anwärter unter ihr findet, so kann auch ein Mönch aus einem anderen Kloster als Abt gewählt werden. Er muß aber auf jeden Fall Athonite sein, d. h. ein Mönch, der auf dem Athos die Kutte angelegt hat. Der Abt ist gewöhnlich ein geweihter Mönch *(hieromónachos)*, muß es aber nicht sein. Auch ein einfacher Mönch kann Abt werden, wenn er sonst den Anforderungen entspricht. Es ist eine Besonderheit des Athos, daß die Zahl der geweihten Mönche sehr gering ist und auch die großen Klöster gewöhnlich nicht mehr als drei bis vier von ihnen zählen. Anders war das nur im Russenkloster Panteleímonos.

Jahrhundertelang nahm der Abt eine absolutistisch monarchische Stellung ein. Die Mönche waren ihm in allen Dingen zu absolutem Gehorsam verpflichtet. Heute müßte man von einer konstitutionellen Monarchie sprechen, denn dem Abt steht ein Ältestenrat von zehn bis zwölf Mitgliedern zur Seite, die sog. *Jerondía (gerontía)*, die die eigentlich bestimmende und beschlußfassende Körperschaft des Klosters ist. Der Abt vertritt das Kloster zwar nach außen hin, aber er ist an die Entscheidungen der Jerondía gebunden, und diese hat das Recht, ihn abzusetzen, wenn er ihre Beschlüsse wiederholt übergeht. Um die Verwaltung des Klosters zu vereinfachen, werden aus der Jerondía drei Mitglieder ausgewählt, die ein Exekutivkomitee bilden, das gemeinsam mit dem Abt die laufenden Angelegenheiten des Klosters regelt, so daß die Jerondía nur bei besonderen und wichtigen Anlässen zusammentritt.

Vom Abt hat man daher sagen können, sein Herrschaftsbereich gehe heute über Trápeza und Katholikón, über Speisesaal und Kirche, nicht hinaus. Aber hier herrscht er auch heute noch absolut. Der Abt ist der geistliche Vater des Klosters. Er allein bestimmt über die geistlichen Richtlinien des Gottesdienstes und der Lebensführung und überwacht ihre Einhaltung wie auch die Einhaltung der besonderen geistlichen Traditionen des Klosters, die zum Teil nicht schriftlich fixiert sind, sondern nur mündlich weitergegeben werden. In all diesen Dingen sind die Mönche wie die Geronten dem Abt auch heute noch absoluten Gehorsam schuldig.

Die Abtwahl ist ausschließliche Angelegenheit des Klosters. Sie muß dem Patriarchat gemeldet werden, aber dieses selbst hat keinen Anteil daran und hat, wie es scheint, im allgemeinen auch nicht versucht, Einfluß darauf zu nehmen.

Die idiorrhythmischen Klöster

Ende des 14. Jh. kam auf dem Athos die Form eines Mönchtums auf, die es im Westen nicht gibt, ja, die westlicher Vorstellung vom Mönchtum geradezu widerspricht, die Idiorrhythmie. Der Name besagt, daß in diesen Klöstern eben kein gemeinsames Leben geführt wird, sondern jeder sein Mönchsleben selbst gestaltet. Ein sehr einfacher, aber gravierender Unterschied, der mit unseren Begriffen vom Mönchsein von vornherein unverträglich ist, besteht z.B. darin, daß die idiorrhythmischen Mönche kein Armutsgelübde ablegen, sondern über Privatbesitz verfügen. Damit ist zugleich der Unterschied von Arm und Reich gegeben. Die wohlhabenden „Mönche" bewohnen keine Zelle, sondern jeder verfügt in dem großen Klosterkomplex über sein eigenes, abgeschlossenes Appartement mit Wohnraum, Schlafzimmer und Küche. Damit ist bereits ausgedrückt, daß nicht nur nicht gemeinsam geschlafen, sondern auch nicht gemeinsam gegessen wird. Das geschieht nur noch bei Festen und besonderen Anlässen. Jeder bereitet sein Essen selbst, oder vielmehr, die reichen Mönche haben gewöhnlich einen jungen oder armen Mönch als Diener bei sich angestellt, der für sie kocht und auch das Appartement in Ordnung hält. Der Wohnraum ist zum Salon ausgestaltet mit Sesseln und Sofa, wertvollen Teppichen und Bildern und einer eigenen Bibliothek. Hier ergibt sich der erlauchte Besitzer – nicht in Baumwolle, sondern in einen seidenen Rhaso gekleidet – keinem asketischen Büßerleben, sondern einer geruhsamen, mehr oder weniger frommen Muße.

Zu den Freiheiten der Idiorrhythmiker gehört auch, daß sie

sich erlauben, Fleisch zu essen. Die in Karyés bestehenden Metzgereien arbeiten in erster Linie für sie, und dann noch für die auf dem Athos tätigen Weltleute. Die kinovitischen Mönche verzichten, wie wir gehört haben, auf jeden Fleischgenuß. – Dann wurden in den idiorrhythmischen Klöstern, ganz unüblicherweise, auch Katzen gehalten, so daß die Regel, auf dem Athos dürfe nur gestorben, nicht aber geboren werden, hier durchbrochen war. Auch übte man bei den Idiorrhythmikern die auf dem Athos sonst nicht übliche Bienenzucht, wobei man freilich nicht sagen kann, daß die Anwesenheit von Königinnen und Arbeiterinnen für die Mönche geradezu eine Gefahr und Verführung bedeutet hätte.

Dem Buchstaben nach wären die Klosterinsassen zwar verpflichtet, an den Gottesdiensten als der einzigen verbliebenen Gemeinsamkeit teilzunehmen, aber diese Bestimmung wird, wie man sich leicht vorstellen kann, ziemlich lax gehandhabt. Ich selbst habe Nachtgottesdienste *(agrypníes)* mitgemacht, an denen von der ganzen Belegschaft kein einziger Seidenmönch und auch kein einziger von den Epistaten, den Vorstehern des Klosters, teilnahm, sondern nur sechs einfache Mönche anwesend waren, nämlich die Sänger und Vorbeter, die für die Abhaltung der Liturgie bezahlt werden.

Denn das gehört zu den ökonomischen Eigenarten eines idiorrhythmischen Klosters, daß es seinen armen Mönchen Zelle und Verpflegung zur Verfügung stellt, aber für alles andere, was darüber hinausgeht, müssen sie selbst aufkommen. Dazu werden sie instand gesetzt dadurch, daß sie für die Dienste bezahlt werden, die sie dem Kloster leisten als Pförtner, Gärtner, Küster, Vorleser, Sänger usw. Viele erhalten auch ein Stück Land, das sie bewirtschaften und dessen Erträge sie verkaufen. Und wer als Privatassistent einem reichen Herrn dient, wird natürlich von diesem entlohnt.

Statt der Gleichheit der Armut wird also hier ins Kloster eine ganze Gradation von Besitzstufen eingeführt, die ihr Extrem darin erreicht, daß die reichen Idiorrhythmiker, die über Bankkonten, Häuser und Landbesitz verfügen, ihre Klostermuße dazu benutzen, diesen ihren Besitz zu mehren, mit ihm

Geschäfte zu machen. Man kann sich leicht vorstellen, daß mit der kapitalistischen Praxis auch die kapitalistischen Untugenden und Laster auf dem Athos Einzug gehalten haben: Besitzstreben, Geltungsbedürfnis, Hochmut und Hartherzigkeit statt Selbstverleugnung und Weltflucht. Auch Protzerei, und zwar der unsinnigsten Art, war da nicht ausgeschlossen. Als im Gefolge der Tausendjahrfeier ein allgemeiner, zum Teil unkontrollierter und zerstörerischer Straßenbau auf dem Athos einsetzte, kam tatsächlich einer der Idiorrhythmiker, ohne daß seine Mitgenossen ihn davon abhalten konnten, auf die blamable und fatale Idee, sich eine Luxuslimousine auf den heiligen Berg liefern zu lassen, ein Gefährt, das sich infolge mangelnder Fahrpraxis und fehlender Werkstätte bald nur noch durch Schieben fortbewegen ließ.

Die Idiorrhythmie, die der starken griechischen Neigung zu Individualismus und Partikularismus sehr entgegenkam, hat sich seit ihrer Entwicklung Ende des 14. Jh., als das strenge Klosterleben keine Attraktivität mehr besaß, schnell ausgebreitet, die Kinóvien zurückgedrängt und schließlich dazu geführt, daß es im 18. Jh. nur noch idiorrhythmische Klöster gab. Gegen diese starke Veräußerlichung des Klosterlebens hatte sich aber damals schon längst eine kräftige programmatische Gegenentwicklung geltend gemacht. Es kam zur Gründung zahlreicher Skiten, freier Siedlungen von Mönchen, die es sich zum Ziel gesetzt hatten, die alten strengen Traditionen des Asketismus und der Buße aufrechtzuerhalten oder wiederherzustellen. Aber auch einige Klöster selbst kehrten zur alten kinovitischen Form zurück, und dem Patriarchat gelang es, die Regelung durchzusetzen, daß die Athos-Klöster in Zukunft zwar von der idiorrhythmischen Form zur kinovitischen übergehen durften, aber nicht umgekehrt.

Amand de Mendieta machte 1972 in seinem wichtigen Buch *Mount Athos. The Garden of the Panaghia*, das, aus dem Französischen ins Englische übersetzt und vom Berliner Akademie-Verlag gedruckt (Berliner Byzant. Arbeiten Bd. 41), zu den besten und informativsten Athos-Büchern gehört, die es gibt, die Bemerkung: *Der strengste Mönch, sei er nun Kinovit, Skitiote oder Eremit, der vorbringt, daß die Idiorrhythmie kein echtes Mönchtum ist, muß die Frage beantworten: Warum ist es seiner eigenen Form des Mönchtums nicht gelungen, über die Leiber und Seelen der Befolger des idiorrhythmischen Weges den Sieg davonzutragen und diese verdorbene und entstellte Form des monastischen Lebens auszulöschen? (S. 197).* – Diese Frage ist inzwischen zu einer rein rhetorischen geworden. Es gibt auf dem Athos keine idiorrhythmischen Klöster mehr.

Um 1970 war noch die Hälfte aller Athos-Klöster idiorrhythmisch, darunter vier der fünf größten und ältesten. Seit Anfang unseres Jahrzehnts sind alle Klöster kinovitisch. Teils war es die Zoé-Bewegung, eine allgemeine Erneuerungsbewegung der griechisch-orthodoxen Kirche, teils die athonitische Reformbestrebung, die vom Kloster Philothéou ausging, die diesen Wandel herbeiführte. Er erfolgte natürlich nicht in allen Fällen reibungslos. Die alten Riegen wollten ihre Position nicht freiwillig räumen. In dem einen und anderen Fall mußte der Nachweis illegaler Handschriftenverkäufe dazu dienen, sie zu diskreditieren und zum Rücktritt zu zwingen. Die jungen Mönche, durch deren Zuzug die ständig sinkende Zahl der Athoniten wieder zugenommen hat, suchten kein gemächliches Pensionärsdasein, sondern ein echtes gemeinschaftliches Klosterleben. Ob diese Tendenz anhält und ob sie am Ende zu einer allgemeinen Erneuerung und Wiederbelebung der Athos-Klöster führen wird, kann sich erst in einigen Jahrzehnten zeigen. Skeptiker werden es vermutlich bezweifeln.

Die idiorrhythmischen Klöster wurden – wir können hinfort im Präteritum sprechen – nicht monarchisch von einem Abt, sondern oligarchisch von einer Epitropé, einem Komitee aus vier Mitgliedern, geleitet, der sog. *Epistasía*. Das Komitee war nur jeweils ein Jahr im Amt und wurde jedes Jahr neu gewählt. Diese mehr demokratische Verwaltung kam natürlich der griechischen Mentalität auch viel stärker entgegen als die monarchische. Auf der anderen Seite war damit außer dem Gelübde der Armut auch das des Gehorsams weitgehend

außer Kraft gesetzt, denn die Epitropé war zwar gegen sich
selbst nachsichtiger als gegen alle übrigen, aber auch gegen
diese nicht allzu streng. Es blieb jedem selbst überlassen, wie
stark er sich an die asketische Bußtradition des Athos anschließen wollte.

Die Skiten

Seit 1924 ist durch Gesetz die Zahl der Athos-Klöster unabän-
derlich auf zwanzig festgesetzt. Davon sind siebzehn griechisch und drei slawisch. Panteleímonos ist russisch, Zográphou bulgarisch, Chilandári serbisch. Die Rumänen besitzen
nur eine Skiti, Prodrómou, Johannes dem Täufer geweiht,
kein Kloster. Früher hatte die Zahl der Klöster einmal fünfundzwanzig betragen. Ihre definitive Begrenzung auf zwanzig
war in erster Linie ein Ausfluß des griechischen Nationalismus. Die Griechen wollten verhindern, daß die Zahl der slawischen Klöster wuchs. So wurde auch das absolute Verbot
ausgesprochen, eine Skiti, und sei sie noch so groß und bedeutend, in ein Kloster umzuwandeln, was die Russen im vorigen
Jahrhundert mehrfach versucht hatten. Ihre Skiten Áj. Andréas
(s.u. S. 52f.) und Prophítis Ilías waren wesentlich volkreicher
als die meisten griechischen Klöster, dabei bedeutend und
von großer mönchischer Zucht. Aber der Status eines selb-
ständigen Klosters blieb ihnen verwehrt. Sie waren ein für
allemal Dependancen der Klöster, in deren Bereich sie lagen:
Áj. Andréas von Vatopédi und Prophítis Ilías von Pantokrátoros. Auch den Rumänen gelang es niemals, ihre Skiti, die
ganz nach Art eines kinovitischen Klosters geführt wurde,
zum Status eines solchen zu erheben. Sie blieben immer eine
Dependance von Megísti Lávra.
    Das gesamte Terrain der Athos-Halbinsel ist auf die zwan-
zig Klöster verteilt, so daß alles, was sich auf diesem Grund
und Boden befindet, ihrer Jurisdiktion unterstellt ist. Den

Klöstern ist es verboten, Land zu verkaufen. Sie können höchstens untereinander kleine Gebietsaustausche vornehmen.

Die nächstgrößten Mönchsgemeinschaften, die wir nach den Klöstern finden, sind die Skiten, offene Mönchssiedlungen in Form eines Weilers. Die Mönche leben in einzelnen Häusern oder Gehöften. Die Siedlung besitzt keine Trápeza, es gibt also keine gemeinsamen Mahlzeiten, wohl aber eine zentrale Kirche, das sog. *Kyriakón, Herrenhaus, Haus des Herrn*, in dem die gemeinsamen Gottesdienste stattfinden. Darüber hinaus besitzt aber jede Kalýva, so heißen die separaten Wohneinheiten, eine eigene Kapelle, die jederzeit einem Gebet oder einer Liturgie offensteht. Geleitet wird die Skiti von einem Prior, der den Titel *Díkäos* trägt. Die Bezeichnung ist vom griechischen Adjektiv *díkaios – gerecht* hergeleitet und zeigt also die Verpflichtung an, die der Prior mit seinem Amt übernimmt.

Die Hausgemeinschaft einer Kalýva besteht normalerweise aus drei Personen, einem Senior *(jérōn)*, einem „untergebenen" Mönch *(hypotaktikós)* und einem Novizen. Ihre Zahl kann sich bis auf sechs erhöhen, aber das ist das höchst zulässige Maximum. Der Jérōn ist der geistliche Vater der kleinen Gemeinschaft, dem die anderen Verehrung und Gehorsam schulden.

Der Díkäos ist für die geistliche Lebensführung der Skiti verantwortlich und dem Mutterkloster zur Rechenschaft verpflichtet. Die Skiten befolgen zum Teil ihre eigenen Traditionen, aber in allen herrscht ein strenger asketischer Geist, sind sie doch seinerzeit aus Protest gegen die laxen Zustände der Idiorrhythmie entstanden. Fasten und Gottesdienste werden strikt nach den Regeln befolgt. Die Verpflegung ist frugal wie in einem kinovitischen Kloster.

Die Skitioten leben von ihrer Hände Arbeit. Die bäuerlichen unter ihnen widmen sich der Garten- und Landwirtschaft, züchten und ernten Gemüse und Obst, Feigen, Weintrauben und Oliven, deren Überschuß sie verkaufen. Andere üben ein Handwerk aus. In einigen Skiten ist die Ikonenmalerei traditionell. In vielen von ihnen finden sich Holzschnitzer, die Kreuze und sakrale Reliefs, aber auch Löffel, Eierbecher, Teller und Rosenkränze schnitzen, teils zum Gebrauch, teils als Souvenirs für die Pilger. Andere widmen sich mit Weben oder Stricken der Textilherstellung. So haben wir hier eine athonitische Weise des benediktinischen *Bete und arbeite!* und manchmal sogar auch seiner eifrigsten Form nach der Auslegung: *Bete, als ob das Arbeiten nichts hülfe, und arbeite, als ob das Beten nichts hülfe!*

Wie die Klöster so haben aber auch die Skiten von ihrer großen Zeit längst Abschied nehmen müssen. Die bedeutenden russischen Skiten, die früher einmal, wie wir schon sagten, selbst viele Klöster an Umfang übertrafen, sind inzwischen ganz aufgegeben und werden von ihren Mutterklöstern nur noch behelfsmäßig verwaltet. Die Skiti des Áj. Dimítrios von Vatopédi, die einst sogar eine umfangreiche eigene Bibliothek besaß, wird nur noch von zwei, drei Mönchen bewohnt. Die meisten Kalýven sind verfallen. Einige andere dauern in idyllischer Lage und auf irenischem Boden bis heute fort und tragen althergebrachte, angesehene Namen. Neue Skiten kann es unter solchen Verhältnissen nicht geben.

Die Kellíen

Die *Kellíen*, davon das deutsche Wort *Zelle*, bilden die kleinste Einheit mönchischen Zusammenlebens. Sie sind nichts anderes als die Einzelhäuser oder Einzelgehöfte, aus denen die Skiten bestehen, d. h. also etwas größere und gewöhnlich für sich stehende Kalýven. Selten, daß einmal mehrere Kellíen sich auf engerem Raum zusammenfinden, wenn auch die Entfernung voneinander im allgemeinen nie so groß ist, daß sie nicht leicht zueinander Kontakt halten können. Jedes Kellíon ist selbständig und besitzt für die liturgischen Bedürfnisse seine eigene Kapelle. Der Personenstand ist ganz derselbe wie bei den Kalýven: Ein Senior, Jérōn, was nicht notwendig mit hohem Alter zu tun hat, leitet eine Gemeinschaft von drei bis sechs Mönchen. Er kann aber auch ganz allein in seinem Domizil hausen.

Die geistliche Disziplin ist in einem Kellíon natürlich freier und großzügiger als in einem Kloster, da jedes außerhalb der strikten Mönchsregeln seinen Tagesablauf selbst bestimmt. Die Kellioten leben wie die Skitioten von ihrer Hände Arbeit. Sie haben dabei nicht nur für ihren eigenen Lebensbedarf, der sehr bescheiden ist, sondern auch für eine regelmäßige Pacht an das Mutterkloster aufzukommen. Viele leben vom Fischfang und vom Ertrag ihrer Gärten, Oliven- und Weinberge. Andere schnitzen und weben. Einige Kellíen widmen sich der Kerzenherstellung, da an Kerzen bei Klöstern, Skiten und Pilgern ja ein ständiger Bedarf herrscht.

Für den, der sich auf Griechisch verständigen kann, ist der Besuch eines Kellíons immer eine besondere Freude. In einem Kloster weiß man nicht immer genau, was für einem Menschen man gegenübersteht. Bei den Kellioten gibt es nur höchst selten einen Frömmler oder Tagedieb. Es sind alles handfeste Menschen, die in der Arbeit genauso ihren Mann stehen müssen wie in der Liturgie und im Gebet. Das Wort „Gotteskinder", wenn wir es heute noch gebrauchen wollen – hier ist es eher als anderswo am Platz.

Noch vor wenigen Jahrzehnten gab es Hunderte von Kellíen auf dem Athos. Sie waren es, durch die die Halbinsel einigermaßen gleichmäßig besiedelt war, denn die Klöster und Skiten bilden ja nur isolierte Oasen. Inzwischen sind sie zu einem sehr großen Teil verlassen, baufällig oder verfallen.

Dem Mönch kommt sein Bruder zu Hilfe,
dem Eremiten ein Engel.

Johannes Klimakos

Die Einsiedeleien

Auf die Kellíen folgt diejenige Form der Askese (Übung), mit
der das Mönchsleben auf dem Athos seinerzeit begonnen
hatte und die immer noch als die höchste, da härteste Weise
des Büßerlebens gilt, das Eremitentum. *Monachós – Mönch*
bedeutet zwar dem Wortsinn nach auch schon den *allein*, für
sich Lebenden. Aber das Mönchsleben im Kloster ist mit dem
eines Eremiten in keiner Weise zu vergleichen. Der Einsiedler
lebt wirklich für sich allein, abgesondert von allem menschlichen Umgang, unzugänglich, oft nur auf schwierigen und
selbst gefährlichen Pfaden erreichbar, in den Felsen und
Schluchten der Südspitze des Athos. Sein Unterschlupf ist
eine bescheidene Hütte oder auch nur eine natürliche Felsen-
höhle. Hier verbringt er Tag für Tag sein Leben der Buße, der
Meditation und des Gebets. An Sonn- und Feiertagen wandert
er zu seinem Mutterkloster, um dort an der Liturgie und Eucharistie teilzunehmen und sich die wenigen Lebensmittel geben zu lassen, die er braucht. Er hat auch das Recht, geweihtes
Brot und Wein mitzunehmen, um unter der Woche die Eucharistie in seiner Zelle für sich zu begehen.

Es versteht sich von selbst, daß ein solches Eremitenleben
eine Konstitution erfordert, die nur ganz wenigen gegeben ist.
So lassen die Klöster, die die Einsiedler nicht nur betreuen,
sondern auch überwachen, niemanden als Eremiten zu, der
nicht mindestens drei Jahre als Mönch in einem kinovitischen Kloster gelebt hat. Aber nicht nur die seelische, auch
die körperliche Gesundheit zu bewahren ist unter solch extre-
men Bedingungen eine ganz außerordentliche Leistung. Selbst
wenn die Temperatur nicht unter 0 Grad sinkt, so ist doch im
Winter auch eine Dauertemperatur von 5–10 Grad über Null

in einem ungeheizten oder gar feuchten Raum schon so stra-
paziös und eigentlich geradezu gefährlich, daß nur ganz wenige einem solchen Kräfteverbrauch überhaupt gewachsen
sind[1]. Wie nirgendwo anders ist also hier die Überwindung
nicht nur der Welt, sondern auch der eigenen Körperlichkeit
in sonst unvorstellbarem Maß verwirklicht. Eine große Milde-
rung, von der man geradezu mit Erleichterung liest, bedeutet
es, wenn einige Eremiten nicht in die absolute Einsamkeit
ziehen, sondern sich zueinander in einiger Nähe halten, so
daß sie jederzeit Kontakt zueinander aufnehmen können. Das
bietet nicht nur eine Beruhigung und Sicherheit für Notfälle,
sondern ist sicher auch Ausdruck unterschiedlichen Tempera-
ments, so wie Besucher von Eremiten berichten, daß die einen
jeder menschlichen Begegnung ängstlich aus dem Wege gehen
und bei Annäherung eines Besuchers fliehen, während andere
sich über einen solchen Besuch freuen und sich dem Besucher
aufgeschlossen zeigen.

Die Zahl der Einsiedler, wie könnte es anders sein, hat in unseren Tagen ständig abgenommen. Es sind nur noch ganz vereinzelte, die diese härteste Form der Askese auf sich nehmen.

Die Wandermönche

Wenn wir die Wandermönche hier als letzte erwähnen, so deshalb, weil sie in einer Weise sogar die Eremiten noch übertreffen. Natürlich nicht in der Strenge der Askese. Da kommt niemand sonst den Eremiten auch nur nahe. Wohl aber in der
Weltflucht. Die Eremiten haben immerhin noch ein festes Zuhause, so bescheiden und unwohnlich es auch sein mag. Sie
sind damit immer noch irgendwie in der Welt „verankert". Die
Wandermönche haben auch diesen letzten Halt aufgegeben.

[1] Daß Eremiten in strengen Wintern erfroren sind, ist keine Seltenheit auf dem Athos.

Sie ziehen heimatlos umher. Für sie bietet die Welt keine Bleibe mehr, sie ist für sie buchstäblich zur *Fremde (xeneteía)* geworden. Über der Lebensweise der Wandermönche steht das Wort Jesu: *Die Vögel haben Nester, und die Füchse haben Gruben, aber des Menschen Sohn hat nicht, da er sein Haupt hinlege* (Mt 8,20).

Allerdings ist es dabei ein schwerwiegender Unterschied, ob ein Mönch in die Wanderschaft durch äußere Umstände hineingedrängt wurde oder ob er sie aus eigenem Willen auf sich genommen hat. Wer z.B. wegen irgendeiner schweren Unregelmäßigkeit aus seinem Kloster verwiesen worden ist, für den ist die Wanderschaft ein unerwünschter Zwang. Solche Mönche sind in der größten Gefahr, den rechten Weg zu verlieren, sich zu vernachlässigen und sich als zerlumpte Bettelmönche durchzuschlagen. Als solche sind sie natürlich verachtet und überall unwillkommen.

Der „echte" Wandermönch dagegen hält auf sich, er verdient seinen Lebensunterhalt durch Arbeit, verdingt sich als Arbeiter oder Lastenträger bald in Dáphni, bald in Karyés, bald in einer Skiti. Auch die Klöster nehmen ihn auf, obschon ungern. Keine Obrigkeit duldet gern Nomaden in ihren Grenzen. Die Wandermönche dürfen sich als echte Nachfolger der Jünger Jesu ansehen, die ja auch kein Zuhause mehr besaßen, sondern sich mit ihrem Meister auf permanenter Wanderschaft befanden.

Seit Anfang der siebziger Jahre gibt es sie freilich auf dem Athos nicht mehr.

Die Regierung der Mönchsrepublik

Die Ierá Kinótis

Eigentlich würde es genügen, von Verwaltung zu sprechen, aber wo es eine Hauptstadt gibt, da gibt es auch eine Regierung. Die Mönchsrepublik wird, wie es ihr Name mit einem gewissen Recht sagt, republikanisch verwaltet, durch ein Parlament. Diese oberste Instanz besteht aus zwanzig Mitgliedern und trägt den von vornherein ehrfurchtgebietenden Namen *Heilige Gemeinschaft – Ierá Kinótis (Ierá Koinótes)*. In sie entsendet jedes der zwanzig Klöster einen Vertreter *(antiprósopos)*. Diese Vertreter haben ihren Sitz in den „Botschaften" *(konákia)*, die die Klöster in der Hauptstadt Karyés unterhalten. Sie werden Anfang Januar nach den Regeln ihres Klosters für ein Jahr gewählt, können aber wiedergewählt werden. Sie müssen mindestens dreißig Jahre alt sein und sollen nach Möglichkeit über ausreichende Erfahrung in Dingen der Verwaltung, der Finanzen und des Rechts verfügen. Die Ierá Kinótis (hinfort I.K.) tagt, wenn nichts Außergewöhnliches Sondersitzungen erfordert, dreimal wöchentlich, und zwar an den Fasttagen Montag, Mittwoch und Freitag. Außenstehende sagen, die I.K. sei wenig entschlußfreudig und verfahre im allgemeinen nach dem Grundsatz: Wir lassen alles, wie es ist, um einmal zu sehen, wie es wird. In der Tat wird normalerweise auch nicht viel zu entscheiden sein, denn die Hauptaufgabe der I.K. besteht darin, darüber zu wachen, daß die vorgeschriebenen Bestimmungen sowohl für die Verwaltung innerhalb der Klöster als auch in ihrem Verhältnis zu den von ihnen abhängigen Skiten und Kellíen ordnungsgemäß eingehalten werden. Dabei hat die I.K. nur Kontrollfunktion. Sie hat nicht das Recht, in die inneren Angelegenheiten eines Klosters direkt einzugreifen. Die Klöster sind ohne jede Einschränkung autark. Es sind vor allem finanzielle Fragen, die von der I.K. beantwortet werden, wie in Not geratenen Klöstern, Skiten oder Kellíen geholfen werden kann. Vor Beschlußfassung in einer finanziellen Frage sind die Vertreter gehalten, in dieser Sache mit ihren Klöstern Rücksprache zu nehmen. Dagegen sind die Vertreter völlig unabhängig bei juristischen Beschlüssen. Den Klöstern ist es ausdrücklich untersagt, bei juristischen Fragen auf ihre Vertreter Einfluß zu nehmen, was freilich ziemlich utopisch klingt.

Die I.K. ist zugleich das Vermittlungsorgan zwischen dem Athos und dem Patriarchat sowie zwischen dem Athos und dem griechischen Staat. Was dem Patriarchat zu melden ist, z.B. die Wahl eines neuen Abtes in einem Kloster, was freilich, da die Äbte auf Lebenszeit gewählt werden, selten genug vorkommt, geschieht über die I.K. Ebenso ist sie dem griechischen Staat, vertreten durch seinen Gouverneur in Karyés, für die Zustände und Veränderungen auf dem Athos verantwortlich, wodurch sich also ergibt, daß der Athos – seit 1926 – in keiner Weise mehr wirklich unabhängig ist. Vielmehr hält der griechische Staat seine stets leere Hand über ihn, was die Klöster schon viele finanzielle Opfer gekostet hat. – Es versteht sich von selbst, daß alle Schriftsätze, die bei der I.K. ein oder aus gehen, auf Griechisch verfaßt sein müssen.

Die Ierá Epistasía

Der Ierá Kinótis als gesetzgebender Körperschaft ist die *Ierá Epistasía (heilige Vorsteherschaft)* als ausführendes Organ beigegeben. Sie besteht nur aus vier Mitgliedern oder Epistaten, und das hängt mit der Hierarchie der Athos-Klöster zusammen. Die zwanzig Klöster sind in fünf Tetraden oder Vierergruppen eingeteilt. An der Spitze dieser Tetraden stehen die fünf traditionellen Hauptklöster Megísti Lávra, Vatopédi, Ivíron, Chilandári und Dionysíou. Jedem dieser Hauptklöster sind drei kleinere Klöster zugeteilt, und turnusmäßig stellt der Reihe nach jede dieser Tetraden für ein Jahr vom 1. Juni bis 31. Mai die vier Epistaten. Die kleineren Klöster stellen die gewöhnlichen Epistaten, das Hauptkloster stellt den Protepistaten, den Vorsitzenden der Epistasie, der immer zugleich auch Vorsitzender der I. K. ist. Seine Präsidentschaft räumt ihm jedoch keinerlei Sonderrechte ein. Wenn er auch durch die Insignien Stab und Kreuz ausgezeichnet ist, so hat er doch allein die Funktion, beide Körperschaften zu repräsentieren.

Das Staatssiegel des Athos ist in vier Viertel geteilt, die den vier Epistaten getrennt anvertraut sind. Eine gültige Siegelung kann also nur erfolgen, wenn alle vier Epistaten anwesend sind und ihr Siegelviertel hergeben. Für den Athos-Besucher war früher die Begegnung mit der Epistasie ein ebenso feierliches wie unumgängliches Erlebnis, denn von ihr erhielt er das gesiegelte Diamonitírion, den Aufenthaltspaß, ohne den er in keinem Kloster und keiner Skiti Zugang findet. Heute erteilt das Diamonitírion die Athos-Polizei.

Die Hauptaufgabe der Epistasie ist es, die öffentliche Ordnung in Karyés zu überwachen und aufrechtzuerhalten. Sie ist für den Straßenzustand und die Straßenbeleuchtung in der Hauptstadt verantwortlich. Auf diesen Straßen ist zu jeder Tageszeit das öffentliche Rauchen ebenso verboten wie das öffentliche Singen, Pfeifen oder Musizieren. Auch darf sich niemand auf einem Reittier in den Straßen der Hauptstadt erblicken lassen. Die Epistasie wacht darüber, daß während der Abendliturgien und an Sonn- und Feiertagen die Geschäfte geschlossen bleiben und daß an den Fasttagen Mittwoch und Freitag und während der vier großen Fastenzeiten kein Fleisch verkauft wird. Sie setzt auch die Verkaufssteuern für die eingeführten Lebensmittel fest.

Für die Aufrechterhaltung der öffentlichen Ordnung steht ihr eine eigene Athos-Polizei zur Verfügung, die ihr unmittelbar unterstellt ist. Gegen Ruhestörer, Trunkenbolde und arbeitslose Vagabunden geht sie mit rigoroser Ausweisung vor. Reicht dazu die eigene Polizei nicht aus, so kann sie die ebenfalls in Karyés stationierte staatliche Gendarmerie zu Hilfe rufen, die jedoch nur in solchen Notfällen eingreift. So bestätigt sich auch auf dem Athos, was schon Aristoteles lange vor der christlichen Ära zu bemerken Veranlassung fand, daß Ordnung sich nie von selbst herstellt, sondern daß dazu immer irgendwelcher Einsatz erforderlich ist.

Das Ávaton, das Gesetz von der Unbetretbarkeit

Daß Frauen der Zutritt zum Athos verwehrt ist, weiß jeder, der überhaupt jemals vom heiligen Berg gehört hat. Es ist dies das sog. *Ávaton (ábaton)*, das Gesetz von der Unbetretbarkeit des Mönchslandes. In der Legende wird das Verbot damit begründet, daß die Halbinsel ausschließlicher Besitz der Gottesmutter ist, die keine Konkurrentin neben sich duldet. So schließt das Ávaton z.B. auch die Regelung ein, daß auf dem Athos keine Kirche einer weiblichen Heiligen geweiht werden darf. – Juristisch geht das Ávaton auf eine alte byzantinische Regel des 6. Jh. zurück. Schon die Gesetzgebung Justinians (527–565) verbietet den Frauen das Betreten von Mönchsklöstern, und sei es auch nur der Kirche, und sei es selbst zum Zweck des Gebets. Die Seelenruhe der Mönche soll nicht durch fremde Erscheinungen gestört und irritiert werden. Man wird daraus nicht schließen, daß die Mönche alle frauenfeindlich seien oder die Frauen gar als die obersten und gefährlichsten Sendboten und Werkzeuge des Teufels ansähen. Die meisten von ihnen stammen aus normalen, kinderreichen Familien, wo im allgemeinen wenig Anlaß bestand, Frauenhaß zu entwickeln. Der Athos mag ja, wie man forciert gesagt hat, ein Paradies für Frauenhasser sein, aber diese Eigenart macht auf keinen Fall einen überhaupt erwähnenswerten Teil seines Selbstverständnisses aus. Jedenfalls ist das Weibliche für die

Mönche nicht grundsätzlich und nicht von vornherein ein Greuel, und sie sind heiligen Frauen nicht prinzipiell abgeneigt. Auf den Darstellungen *Aller Heiligen (tōn hagíōn Pántōn)* sind auch auf dem Athos ganze Gruppen von Frauen vertreten. Ebenso ist die Darbringung Mariä im Tempel (Hypapantḗ) von einem großen Frauengefolge begleitet. Das Malerhandbuch vom Athos behandelt in den §§ 417–420 die Darstellung von Myrrhenträgerinnen, Märtyrerinnen und Einsiedlerinnen. Und selbst weibliche Reliquien skandalisieren die Mönche offenbar nicht. Der Athos zählt zu seinen besonderen Schätzen den rechten Fuß der Maria Magdalena, den linken Fuß der hl. Anna, der Großmutter Jesu, und den linken Fuß der hl. Makrina, der Schwester des Kirchenvaters Basilios d. Gr. Und obwohl diese Vorliebe für weibliche Füße zweifellos etwas merkwürdig wirkt, so finden sie doch ungeteilte Verehrung. Und unter den Knochen von weiteren einhundertfünfzig Heiligen, über die das Kloster Ivíron verfügt, mögen auch noch eine ganze Reihe von heiligen Frauen sein.

Für die modernen Frauen ist der rigorose Ausschluß vom Besuch des heiligen Berges natürlich eine schwere Provokation. Es heißt, daß in der Zeit des griechischen Bürgerkrieges (1946–49) Kommunistinnen wiederholt versucht hätten, den Athos zu betreten, und auch in unseren Tagen hat die Emanzipation einige Frauen auf die Idee gebracht, sich in Männerkleidung ins verbotene Land einzuschleusen. Aber die Sache ist gefährlich, denn der griechische Staat hat das Ávaton ohne Einschränkung in seine Gesetzgebung für den Athos aufgenommen. Eine Frau, die bei dem Versuch erwischt wird, den Boden der Mönchsrepublik zu betreten, hat mit einer Gefängnisstrafe nicht unter zwei Monaten zu rechnen, mit der harten Zusatzregelung, daß diese Freiheitsstrafe unter keiner Bedingung in eine Geldstrafe umgewandelt werden kann – und die griechischen Gefängnisse sind an Annehmlichkeit mit den deutschen nicht zu vergleichen.

Dáphni, der kleine Hafen des Athos, steht Tag und Nacht unter polizeilicher Überwachung, um Unbefugten das Betreten des heiligen Bodens zu verwehren. Ist der Polizist sich über das Geschlecht eines Ankömmlings nicht sicher, so hat er das Recht, von ihm zu verlangen, daß er sich auszieht. Die Mönche selbst haben solch drastische Identifikationsmittel nicht nötig. Sie verfügen über einen viel einfacheren Test. Kazantzakis, der große kretische Schriftsteller, berichtet in seiner Athos-Beschreibung, daß er gleich zu Anfang, bei seiner Landung in Dáphni, einen Mönch gefragt habe, wie sie denn sicher sein könnten, daß keine Frau in ihr Reich eingedrungen sei. Worauf er von ihm zur Antwort erhielt: „Das riechen wir." – „Riechen Frauen denn anders als Männer?" – „Wie Stinktiere."

Nun, dies Gespräch wird Kazantzakis vermutlich erfunden haben. Aber so viel stimmt, daß es für eine Frau sicher sehr schwierig ist, sich einzuschmuggeln. Würde sie bei diesem Fait accompli erwischt, so kann sich die Gefängnisstrafe auf ein Jahr erhöhen.

Verboten ist auch, daß Ruder-, Motor-, Segelboote, Yachten mit Frauen an Bord in einer Bucht des Athos vor Anker gehen. Sollten die Mönche Verdacht haben, so tritt auch in diesem Fall der griechische Staat als ihr Freund und Helfer in Aktion vermittels seiner Küstenwacht.

Nun sind aber, wie auch fast jeder weiß, nicht nur Frauen, sondern auch alle weiblichen Haustiere vom Athos ausgeschlossen. Hühner, Schafe, Ziegen, Kühe haben dort nichts zu suchen. Das bedeutet für die Athos-Ökonomie: Eier, Butter, Käse, Milch und Fleisch können nicht in Eigenproduktion erzeugt, sondern müssen in vollem Umfang eingeführt werden. Nur eine einzige Sonderregelung ist offiziell erlaubt: Die in den Skiten oder Kellíen wohnhaften Malermönche *(hagiográphoi)* dürfen Hühner halten, weil sie nämlich für ihre Temperafarben Eidotter brauchen.

Und dann findet man, was es früher nicht gab, neuerdings auch Katzen auf dem Athos, die sich dort genauso fruchtbar vermehren wie überall sonst. Zu dieser Übertretung mag man sich berechtigt fühlen, weil die Katzen die Anwesenheit anderer weiblicher Tiere verhindern, nämlich die von Ratten und Mäusen. – Übrigens geht das Verbot weiblicher Haustiere schon auf die Anfänge des athonitischen Klosterlebens zurück. Bereits im Typikón von 972 wird das Halten von Schafen und Ziegen ausdrücklich untersagt.

Aber nicht nur Weibliches ist auf dem Athos verboten, sondern auch einiges Männliche, nämlich Eunuchen und Bartlose. Die Mönche tragen lange Bärte und lassen ihr Haar nicht schneiden, weil sie sich nicht entstellt, sondern so präsentieren sollen, wie Gott sie geschaffen hat. So hat also kein Verschnittener auf dem Athos Zutritt, sei er nun auf dem Kopf verschnitten oder sonstwo.

Mit den Bartlosen sind in erster Linie Kinder und Jugendliche gemeint. Man sieht nicht recht, ob dieses Verbot mehr zum Schutz der Mönche oder eher zum Schutz der Jugendlichen erlassen wurde. Jedenfalls scheint es immer wieder umgangen worden zu sein, teils durch die auch auf dem Athos in Grenzen übliche Kinderarbeit, teils z. B. durch die offizielle Einrichtung eines Schülerinternats in Karyés. Am 31. Juli 1955 erließ die Ierá Epistasía, das Exekutivorgan der Athos-Regierung, ein Gesetz, das alle Arbeitgeber und Erziehungsberechtigten anwies, Jugendliche unter fünfzehn Jahren binnen einer Woche aus Karyés zu entfernen. Merkwürdig ist für uns diese inkonsequente Beschränkung des Gebots auf die Hauptstadt. Ja es wird sogar ausdrücklich erlaubt, daß Jugendliche unter fünfzehn Jahren, die sich in den Kellíen befinden, dort verbleiben dürfen. Nur in den Straßen von Karyés dürften sie sich nicht zeigen, das hätte sofortige Ausweisung aus der Mönchsrepublik zur Folge. Fast unvermeidlich ergibt sich der Schluß, man sei in Karyés entweder heiliger oder anfälliger als anderswo auf dem Athos.

Einige Sonderbestimmungen

Von den Einzelbestimmungen, die den Mönchen durch die Verfassung von 1924/26 auferlegt werden, sind einige von besonderem Interesse.

Daß auf dem Athos nur Orthodoxe, aber keine Nicht-Orthodoxen oder Schismatiker Aufenthaltsrecht besitzen, kann man für eine Mönchsrepublik nur als natürlich ansehen. Ebenso, daß nur Novizen und Mönche Mönchskleidung tragen dürfen, Laien sich aber dadurch strafbar machen.

Für modernes Verständnis problematisch ist dagegen die Bestimmung, daß Ausländer, die als Novizen oder Mönche auf dem Athos zugelassen werden, automatisch und ohne Formalitäten die griechische Staatszugehörigkeit erwerben – und natürlich die eigene dadurch verlieren. Diese Zwangspatriierung erfolgt zweifellos, um die Ausländer der griechischen Gerichtsbarkeit zu unterstellen und jede ausländische Enklave auf dem Athos auszuschließen. Wie sehr diese Bestimmung ein Ausfluß des griechischen Nationalkomplexes ist, zeigt die Formulierung eines griechischen Regierungsbeamten auf dem Athos, N. G. Mylonakos, der mit der levantinischen Erklärung auftritt: „Unser Vaterland erweist den athonitischen Ausländern die Ehre der griechischen Staatsbürgerschaft" (Irénikon 34 [1961] 348)[2]. Wenn die Ausländer diese Ehre aber gar nicht wollen? Herr Mylonakos fährt fort: „Dieser Zipfel des griechischen Landes war und wird immer griechisch sein. Die ausländischen Mönche befinden sich dort dank dem so gastfreundlichen griechischen Geist und dank der Ökumenizität des Patriarchen von Konstantinopel" (ebd.).

Weitere Bestimmungen:

In den Liturgien ist es untersagt, für irgendeinen anderen hohen Geistlichen der Kirche zu beten als allein für den Ökumenischen Patriarchen.

Es ist streng verboten, auf dem heiligen Berg irgendeine Form von Verein, Gesellschaft oder exklusiver Bruderschaft zu gründen, da solche Korporationen mit den Regeln des heiligen Berges unvereinbar sind.

---

[2] Die Sache liegt im Umkreis der Attitüde, die Präsident Giscard d'Estaing seinerzeit mit dem satirischen Wort charakterisiert hat: Nicht Griechenland ist der Europäischen Gemeinschaft, sondern die Europäische Gemeinschaft ist Griechenland beigetreten.

Die Bestimmung war kaum erlassen, als sie nach der Devise: In Griechenland ist alles erlaubt und besonders das, was verboten ist, auch schon übertreten wurde. Das Patriarchat hatte 1924 die Einführung des Gregorianischen Kalenders beschlossen. Gegen diese Übernahme einer „päpstlichen" Kalenderregelung erhob sich auf dem Athos nicht nur allgemeiner Widerspruch wegen Häresie, sondern es bildete sich im April 1926 eine besondere Vereinigung von Eiferern, die es sich zum Ziel setzte, den häretischen Beschluß des Patriarchen zu bekämpfen. Da auf dem Athos alles heilig ist, legten sie sich auch gleich selbst das Epitheton heilig bei: *Ierós Sýndesmos Zelotõn Patéron Agíou Órous – Heiliger Bund (glaubens)eifriger Väter des heiligen Berges.* Die heiligen Väter erklärten den Ökumenischen Patriarchen zum Häretiker und unterließen es hinfort, in der Liturgie für ihn zu beten. Ebenso erklärten sie die griechisch-orthodoxe Kirche, die dem Patriarchen gefolgt war, für häretisch und die von ihr gespendeten Sakramente für ungültig. Die Mönche gingen in ihrem „Eifer" so weit, Ferntaufen und Ferntrauungen anzubieten, um ihre Landsleute im griechischen Mutterland in den Genuß gültiger Sakramente kommen zu lassen.

Das nächste ist wieder ganz verständlich:

Jeder Versuch der Bekehrung, Werbung oder Propaganda, sei es moralisch, kirchlich, sozial, patriotisch oder sonstwie, ist absolut untersagt. Zuwiderhandlung bedeutet sofortige Ausweisung.

Ohne ausdrückliche Genehmigung der Ierá Kinótis ist es niemandem erlaubt, Geldkollekten auf dem Athos zu veranstalten, weder für religiöse, pädagogische noch wohltätige Zwecke.

Es ist verboten, auf dem heiligen Berg alte Fresken zu restaurieren oder nachzumalen, weil dadurch die Fresken beschädigt oder verändert werden könnten.

Der Handel mit Ikonen und Kunstwerken ist verboten, außer, wenn sie aus Werkstätten von Mönchen oder Laien stammen.

Ohne Erlaubnis ist es nicht gestattet, die Klöster zu zeich-

nen oder zu photographieren. (Das hat sich inzwischen geändert.)

Daß die Mönche vom Militärdienst befreit sind, wird ihnen
jeder gerne gönnen. Merkwürdig ist die Bestimmung, daß die
den Mönchen gewährte Zollfreiheit an ihre Grenze kommt
bei Tabak, Schießpulver und Sprengstoff.

Und das folgende gilt für alle Fremden, die auf dem Athos
Philologie treiben wollen: Jeder, der in den Klosterbibliothe-
ken arbeiten will, muß der Ierá Kinótis ein Empfehlungs-
schreiben vom griechischen Außenministerium oder vom
Ökumenischen Patriarchen vorlegen. Die Ierá Kinótis befindet
sich in direkter Verbindung mit diesen Ämtern.

Die Hauptstadt der Mönchsrepublik

Der Vorort Karyés

Der Athos besitzt nicht nur zwanzig große Klöster, zwölf Mönchssiedlungen und eine ungenannte Zahl von Einzelgehöften, er weist auch eine Stadt auf, jedenfalls, wenn man eine Ansammlung von dreihundert Einwohnern so nennen will. Aber man spricht sogar von Hauptstadt. Eine Hauptstadt kann es eigentlich nur geben, wo es auch Nebenstädte gibt. Indessen versteht jeder, was gemeint ist: Diese Stadt stellt das Verwaltungszentrum des heiligen Berges dar, sie beherbergt seine Regierung. Man nennt sie auch die kleinste und gemütlichste Hauptstadt der Welt. Wie wenig es sich auch nur vergleichsweise um eine Hauptstadt handelt, belegt allein schon ihr Name *Karyés*, was einfach *Nußbäume* bedeutet und daher rührt, daß in und bei der Stadt sich Nußbäume auffällig häufen. Der Name entspricht der teilweise höchst einfachen Ortsnamengebung im Neugriechischen, wo Dörfer und Lokalitäten überaus anspruchslos *Achladiés – Birnbäume, Lévkes – Pappeln, Koukounariés – Pinien, Pevkákia – Kieferchen, Levkákia – Päppelchen*, ja selbst einfach *Déndra – Bäume* heißen können. *Itéa*, der bekannte Hafen von Delphi, bedeutet einfach *Weide*. Und so nennt sich auch der wichtigste Hafen, eigentlich mehr Anlegeplatz des Athos, eben der von Karyés, schlicht *Dáphni, Lorbeerstrauch*. Bei ungefähr dreihundert Einwohnern und dem Namen *Nußbäume* wird man also seine Erwartungen von vornherein nicht übersteigern. Und doch ist Karyés ein sehr einnehmender Ort, und das eben dadurch, daß er keine Stadt mit geschlossenen Straßen, sondern eine offene Siedlung mit in Grün und Gärten verstreuten Häusern ist, in 350 Meter Höhe in der Mitte der Halbinsel auf einem sanft geneigten Hang gelegen. Man könnte Karyés mit einer großen Skiti vergleichen, und wirklich wird es in offiziellen Dokumenten auch manchmal so genannt: Skiti von Karyés. Allerdings sind einige ihrer Gebäude wesentlich größer, als sie in gewöhnlichen Skiten zu sein pflegen. Es sind vier- und fünfstöckige darunter. Die wichtigsten nach der großen Kirche des Protáton (s. u.) sind natürlich die der monastischen und weltlichen Verwaltung, dann die neunzehn Vertretungen der Klöster. Das Kloster Koutloumousíou ist so nahe gelegen, daß es keiner besonderen Vertretung bedarf, sondern jederzeit in kürzester Frist eine Abordnung entsenden kann. Die Klöster besitzen im ganzen 82 Kellíen in der Hauptstadt, von denen die schönsten und größten als Sitze der Vertretungen dienen. Man nennt sie mit einem türkischen Wort *Konákia*. Ein Konáki bezeichnete in der Türkenzeit das Herrschaftshaus eines Agas. Im Konáki wohnt der Vertreter des Klosters mit seinem Sekretär und zwei/drei dienstbaren Mönchen, die die Residenz (und ihren Garten) pflegen und in Ordnung halten. Untereinander halten die Bewohner der Konákia als Südländer mit Selbstverständlichkeit eine gewisse, oft recht lebhafte Geselligkeit. 82 Kellíen auf zwanzig Klöster bedeutet, daß einige Klöster acht bis zehn Kellíen besitzen, andere nur das Konáki. Die Kellíen sind heute bei weitem nicht mehr alle bewohnt, aber nur wenige wirken deshalb vernachlässigt. Sie werden meist ordentlich instand gehalten und verleihen dadurch Karyés sein malerisches Aussehen. Es gibt viele malerische Winkel in der Stadt.

Ihre Bedeutung erschöpft sich aber nun keineswegs darin, Zentrum der Verwaltung und Polizei-, Post- und Fernmeldestation zu sein, sondern fast ebenso wichtig ist ihre Funktion als Handelsplatz. Was die Lebensmittelversorgung angeht, so decken die Klöster ihren Bedarf gewöhnlich über die Schiffe des Großhandels. Aber den Skiten und Kellíen steht diese Quelle im allgemeinen nicht offen. Außerdem gibt es eine Reihe von Bedürfnissen, deren Deckung nur geringe Mengen

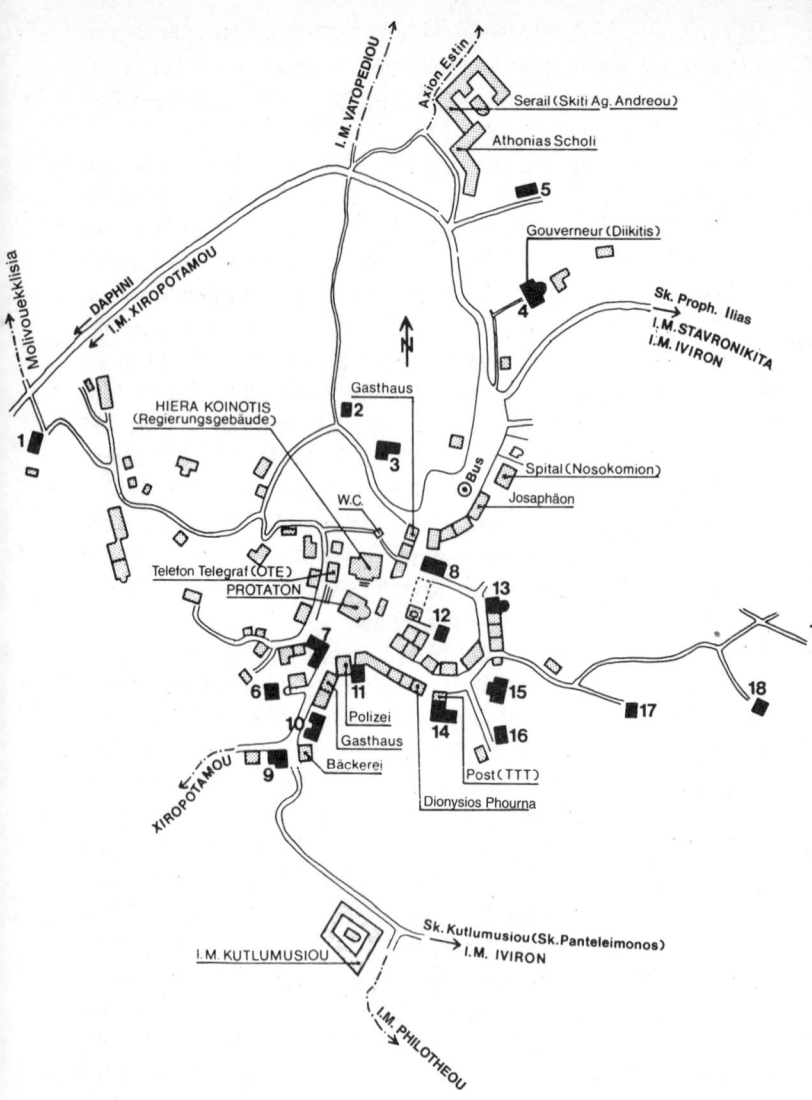

Plan von Karyés

verlangt wie Zucker, Salz, Kaffee, Tee, Tabak. Das alles findet man in Karyés. Dann braucht man Werkzeuge und Eßbestecke, man braucht Kleidung: Schuhe, Stiefel, Mönchskleidung, Arbeitskleidung, Regenschutz. Man braucht eine neue Uhr, und wenn jemandem die Brille zerbricht, kann er deswegen nicht nach Thessaloniki oder Kavalla fahren. Es gibt ein/zwei Ärzte und eine Apotheke. Für die Fremden gibt es zwei Herbergen und für die Einheimischen dies und jenes Kaffeehaus. Und schließlich gibt es auch eine Buchhandlung in Karyés. Sie trägt den schönen Namen *O Pansélinos – Der Vollmond*, ist aber nicht nach dem romantischen Nachtgestirn, sondern nach dem berühmten makedonischen Maler des 16. Jh. benannt. Sie gibt sogar regelmäßig ein eigenes Informationsblatt für und über den Athos heraus, das mit der ersten Kirche der Stadt und der Halbinsel den Namen *Protáton* führt.

Aber man kommt nach Karyés nicht nur, um zu kaufen, sondern auch, um zu verkaufen. Die Skitioten und Kellioten leben von ihrer Hände Arbeit und kommen in die Stadt, um ihre Erzeugnisse anzubieten: Obst, Oliven und Gemüse, aber auch ihre handwerklichen Produkte, die zu einem guten Teil als Souvenirs für die Touristen gedacht sind: hölzerne Eierbecher, Löffel und Salatbestecke, „Rosenkränze" *(kombolójia)*, Andachtskreuze aus Holz und Horn (neuerdings sind auch solche aus Plastik darunter), Kerzen, handbemalte Teller und Vasen, und schließlich die von den Hagiographen der Skiten und Kellíen gemalten Ikonen. Ein reiches und vielfältiges Angebot.

Aber das ist heute alles sehr bescheiden, verglichen mit den Verhältnissen in der zweiten Hälfte des vorigen Jahrhunderts, als die Mönche nach Tausenden zählten, und ebenso Tausende von Pilgern, meist russische, den Athos überschwemmten und vor allem Karyés unsicher machten. Der größte Teil von ihnen war zwar im fernen Russenkloster Panteleímonos untergebracht, aber Hunderte auch in der großen Russenskiti Áj. Andréas in unmittelbarer Nähe. Betrunkene Pilger, Arbeiter und selbst Mönche scheinen damals keine Seltenheit gewesen zu sein. So sah sich 1881 Patriarch Joakim II. veranlaßt, den unmäßigen Alkoholverkauf in Karyés, der viele häßliche

Erscheinungen im Gefolge habe, zu beanstanden und die Leitung der Mönchsrepublik aufzufordern, für unmittelbare Abhilfe zu sorgen.

Zehn Jahre später, 1891, hatte das ganze Handels- und Händlerunwesen ein derartiges Ausmaß angenommen, daß es mit dem Charakter des heiligen Berges nicht mehr vereinbar war. Die Ierá Kinótis beschloß, dem skandalösen Zustand ein abruptes und definitives Ende zu bereiten, sozusagen eine Art Tempelreinigung vorzunehmen, wie sie seinerzeit Jesus in Jerusalem ausgeführt hatte. Sie setzte eine Frist von sechs Monaten, innerhalb deren die über hundert Geschäfte und Werkstätten, die von Laien geführt wurden, zu schließen seien. Aber die Maßnahme war zu radikal und verstieß gegen zu viele Interessen und angestammte Gewohnheiten, als daß sie nennenswerte Befolgung gefunden hätte. Da kamen die Türken, ungewollt, den Absichten der Kinótis zu Hilfe. Auf der Suche nach neuen Geldquellen waren sie auf die Idee gekommen, die Laienunternehmen in Karyés zu besteuern. Die Leitung, nicht bereit, weitere Gelder an die Türken abzuführen, und auch in der Furcht, seien erst einmal die Laienkaufleute und -handwerker besteuert, könnten die monastischen bald folgen, setzte diesmal, 1895, nicht nur die Schließung aller Laiengeschäfte, sondern auch die Reduktion der mönchischen auf nicht mehr als drei durch, sog. *Pantopolía, Allesverkaufshandlungen*, also was man bei uns Gemischtwarenhandlung, heute Minimarkt nennt. Und für diese ergingen am 31. Mai 1900 strenge Bestimmungen. Sie durften weder untereinander noch mit irgendwelchen Laien in Geschäftsverbindung treten. Ihr Angebot hat sich auf die absolut notwendigen Lebensmittel und sonstigen unerläßlichen Bedarf zu beschränken. Ausdrücklich, als dem Mönchswesen zuwiderlaufend, wird verboten der Verkauf von parfümierter Seife, von Lavendel und Kölnisch Wasser. Strikt verboten ist das Angebot von Alkohol, nicht nur von französischem Champagner, sondern auch von Bier und Wein, und sei es auch nur glasweise. Ja es wird ausdrücklich untersagt, den Kunden ein Glas Bier oder Wein auch nur zu spendieren. – Ausdrücklich verboten ist auch der Verkauf von Luxusgegenständen wie Spiegel usw., wobei das „usw." leider unspezifiziert bleibt.

An Sonn- und Feiertagen und nach Mitternacht sind die Geschäfte zu schließen. Wer dagegen verstößt, bekommt beim ersten Mal einen Verweis[3], beim zweiten Mal eine Geldstrafe, beim dritten Mal wird die Lizenz entzogen.

Außer den drei lizenzierten Mönchen ist nach diesen Bestimmungen auf dem ganzen Athos niemand sonst befugt, irgendwo Handel zu treiben. Ausgenommen sind nur die traditionellen Lieferungen von Eiern, Butter, Käse, Milch und Fischen aus Jerissós. Aber auch die drei Lizenzierten dürfen nur in Karyés, nicht in Skiten oder Kellíen ihre Waren anbieten. Schließlich behält sich die Leitung vor, die Preise zu überwachen und darauf zu dringen, daß sie „günstig" sind.

Zwei Jahre später wird durch ein Sigíllion die Beschränkung des Handels auf drei Geschäfte bestätigt, aber nun werden noch drei Gasthäuser erwähnt, zwei in Karyés, eins im Hafen Dáphni, und die definitive Zahl der Werkstätten mit sechsundvierzig angegeben. Die wichtigsten sind Schneidereien und Schuhmachereien, Schreinereien, Sattlereien, dann alle möglichen Schmiede: Gold-, Bronze-, Eisen-, Blechschmiede, dazu zwei Verzinnereien. Für besondere Bedürfnisse gibt es einen Konditor, eine Apotheke, ein Tabakgeschäft, zwei Pelzwerkstätten und, zu einiger Überraschung, zwei Waffenschmieden, wo nicht nur Messer und Verwandtes, sondern auch Gewehre zu haben waren. Die dienten wohl vor allem der Jagd. Aber vielleicht hielten es einige Klöster für gut, sich in Ernstfällen auch mit der Schußwaffe verteidigen zu können.

Schließlich erwähnt das Sigíllion noch fünfzehn professionelle Eseltreiber, die Laien und älter als fünfundzwanzig sein müssen.

Da war also immer noch eine ganze Menge Umtrieb in Karyés. Aber mit der russischen Revolution 1917 brachen andere Zeiten an. Die großzügige Unterstützung des russischen

[3] Der schöne griechische Ausdruck heißt *noutheteîtai*, d. h., er bekommt *den Verstand zurechtgerückt.*

Klosters und der beiden russischen Skiten fiel aus, und es kamen keine Pilgerscharen mehr. Zwar trat zunächst noch eine größere Zahl zaristischer Offiziere als Mönche auf dem Athos ein, aber die Blütezeit war unwiderruflich zu Ende. Der *Schwanengesang* auf Karyés, *tó kýkneion ãsma*, erklang freilich erst 1963. Die Tausendjahrfeier der Gründung des ersten Klosters brachte noch einmal ungeahnten Wirbel in die Hauptstadt. Es kamen der Ökumenische Patriarch Athenagoras, die Patriarchen von Bulgarien, Rumänien, Serbien und Jerusalem mit ihrem Gefolge, es kamen König Paul und der Kronprinz Konstantin und zahlreiche geistliche und weltliche Würdenträger. Aber von diesem Glanz blieb danach nur wenig übrig. Heute ist Karyés ein stiller, nur an hohen Festtagen stark belebter Ort.

Allerdings hat die Tausendjahrfeier dem Athos auch eine Neuerung auf Dauer gebracht, deren Segen aber durchaus zweifelhaft ist. Wir sprachen zu Anfang schon davon. Um den hohen Herrschaften den Ritt auf einem Esel oder Muli zu ersparen, baute man vom Hafen Dáphni nach Karyés hinauf eine Fahrstraße und setzte Jeeps und Lastwagen ein. Damit begann die Motorisierung des Athos, die es bis dahin nicht gegeben hatte. Bis 1963 erfolgte aller Verkehr auf dem heiligen Berg still und friedlich, zu Fuß, mit Lasttier oder per Boot. Jetzt sind zu vielen Klöstern Fahrstraßen gebaut, und Busse, Jeeps und Traktoren tragen natürlich über die alten Verkehrsweisen den Sieg davon. Mit drei unerfreulichen Folgen.

Was es früher überhaupt nicht gab, verschandelt nun die Gegend. Leere, verrostete Benzinfässer, ausrangierte Autos, abgewrackte Bulldozer stehen und liegen jetzt an vielen Stellen von Karyés herum, ohne daß die Ierá Epistasía diesem Schrott eine unauffälligere, abgelegene Stelle anzuweisen scheint. Außerdem hat der Busverkehr Karyés einen fürchterlichen, in seiner idyllischen Umgebung geradezu abstoßenden Park- und Wendeplatz beschert, mit einer monströsen, völlig rücksichtslosen Erdaufschüttung. Auf Angemessenheit und Einpassung ist da überhaupt keine Rücksicht genommen worden.

Die zweite Folge der Motorisierung ist die Erscheinung, daß

die alten schönen Wald- und Naturpfade nicht mehr benutzt werden, zuwachsen und unbegehbar werden. Dagegen hat sich nun eine ausländische Initiative aufgemacht. Der österreichische Staatspreisträger Reinhold Zwenger, der Kartograph der besten und genauesten Athos-Karte, hat einen Förderkreis ins Leben gerufen, der sich das Ziel gesetzt hat, die alten Naturwege des Athos zu erhalten oder, wo sie bereits zugewachsen sind, wieder zu öffnen. Er hat, damit die Mönche sich auch selbst an diesem verdienstvollen Werk beteiligen können, kostenlos tausend Heckenscheren auf dem Athos verteilt. Er macht sich gewiß nur wenig Illusionen darüber, wie viele von diesen Scheren erhalten bleiben und wie wenige von den Erhaltenen überhaupt zum Einsatz kommen. Es ist ein Versuch, dessen Erfolg in der Hauptsache wohl von der Mitwirkung europäischer Athos-Besucher abhängt. Und das ist denn doch eine etwas merkwürdige Vorstellung, so lobenswert das Ziel an sich ist, daß eine ausländische Vereinigung von Naturfreunden die Initiative ergreift und sich anheischig macht, in fremdem Land für Ordnung zu sorgen.

Die dritte und vielleicht schlimmste Folge war die, daß es beim Straßenbau nicht ausbleiben konnte, den Bereich einer Reihe von Kellíen anzuschneiden. Sie sind nun teils in ihrer Ruhe gestört, teils in ihrem Landbesitz beeinträchtigt, teils von ihren alten Wasserquellen abgeschnitten. Einige haben sich entschlossen, ihre alten Wohnsitze aufzugeben. Das sind Härten gewesen, von denen es heißt, daß die Klosterbürokratie sie ohne großes Bedauern und Mitgefühl in Kauf genommen und sich bei einer großzügig bemessenen Geldentschädigung beruhigt habe.

Natürlich hat der Straßenbau auch große Eingriffe in die Landschaft mit sich gebracht. Ganze Hänge wurden mit der Erde der Trassierung zugeschüttet. Sie werden nie mehr zu ihrer ursprünglichen Vegetation zurückkehren.

Das Protáton

In der Mitte von Karyés erhebt sich auf einem großen freien Platz das Protáton, die Primarkirche nicht nur der Hauptstadt, sondern der ganzen Republik. Sie soll die älteste Kirche des Athos sein, schon in der ersten Hälfte des 10. Jh., also noch vor der Megísti Lávra gegründet, später unter Kaiser Andrónikos II. Paläológos (1282–1328) in ihrer heutigen Form erneuert. Es ist eine auffällige Kirche, einzigartig auf dem Athos, eine Kirche ohne Kuppel, vielmehr in Form einer dreischiffigen Basilika errichtet, wie es z.B. auch die Bischofskirchen von Serres und Kalambaka sind.

Die Seitenschiffe sind mit ihren ziemlich steilen Dächern außerordentlich hoch gezogen, so daß im Obergaden des Mittelschiffs nur Platz für ungewöhnlich kleine Fenster bleibt. Der Innenraum des ganzen, mit drei Apsiden im Osten, ist auf fast quadratischem Grundriß errichtet. Dabei sind die mittleren Bogen der Trennwände zu den Seitenschiffen so weit gespannt und hoch gezogen, daß sich der Eindruck von drei Schiffen ganz verliert und sich vielmehr doch ein großer Zentralraum in Form eines griechischen Kreuzes ergibt (s. Plan).

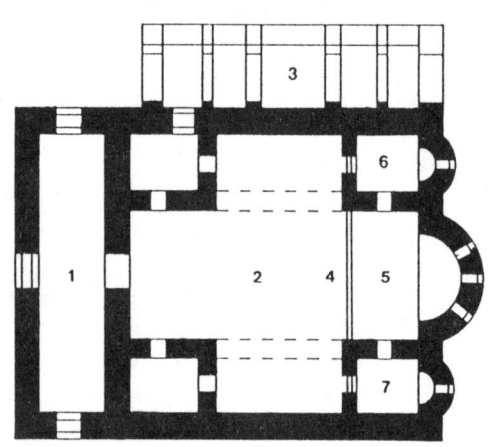

Grundriß
des Protáton
in Karyés:
1 Narthex
2 Hauptschiff
3 Laubengang
4 Ikonostase
5 Bema
6 Prothesis
7 Diakonikon

1507 wurde der Kirche ein Narthex im Westen und 1534 ein Arkadengang im Norden vorgelegt. Die Nordseite, wie man sie von der großen Freitreppe des Regierungsgebäudes *(Mégaron)* erblickt, macht mit diesem Gang und den darüber gezogenen Stützmauern einen ausprochen disharmonischen Eindruck. Um die gleiche Zeit entstand auch der wenig schöne Glockenturm im Osten, hinter den Apsiden.

Berühmt, vielleicht ein wenig überschätzt, sind bei den Griechen die Fresken des Hauptschiffs: die großen Heiligengestalten, die Hauptereignisse der Heilsgeschichte, die Stationen des Marienlebens. Sie stammen aus dem Anfang des 14. Jh., aus der Paläologenzeit, der letzten großen Epoche der byzantinischen Kunst, die weniger hieratisch, stärker bewegt und wirklichkeitsbezogen und daher dem modernen Betrachter leichter zugänglich ist. Sie werden dem großen „makedonischen" Maler Manuel Pansélinos zugeschrieben, dessen Heimat indessen keineswegs feststeht.

Das Protáton besaß früher ein holzgeschnitztes Templon. Der griechische Antikendienst hat aber das alte Marmortemplon des 10. Jh. wiederhergestellt. An ihm befinden sich vier bedeutende Ikonen: Christus, Johannes der Täufer, Maria, wie überall, und links daneben die Ikone des Ereignisses und Festes, dem die Kirche geweiht ist, dem Tod/Heimgang Mariä *(Kímisis tis Theotókou,* 15. Aug.).

Die wichtigste Ikone der Kirche ist jedoch nicht allgemein sichtbar, für Ausländer auch nicht allgemein zugänglich, sondern befindet sich im Altarraum hinter dem Templon, eine der berühmtesten wundertätigen Ikonen in ganz Griechenland, eine Marienikone natürlich. Sie trägt den Titel *Axión estín – Es ist würdig.* Das entspricht unserem westlichen *Vere dignum est:*

> *Würdig ist es und wahrhaft heilbringend,*
> *Dir, Allmächtigem, Lob zu singen.*

Nur daß hier eben nicht der Allmächtige, sondern Maria gepriesen wird. Nach der Legende hat ein Engel der Ikone einst die folgende Strophe gewidmet:

*Schematische Darstellung der Freskenbänder im Protáton
(Zeichnung von Fotis Zachariou, Athens Editions)*

Wahrhaft würdig ist es,
Dich, die Gottesgebärerin, seligzupreisen,
die ewig Selige und ganz Untadelige
und Mutter unseres Gottes.

Seit dieser Zeit heißt sowohl das Kellíon, wo sich die Ikone ursprünglich befand und wo der Engel sie verehrte, als auch die Ikone selbst *Axión estín*. Sie ist die gemeinsame Schutzikone des gesamten Athos.

Wir wollen noch anfügen, daß *To Axión estí* auch der Titel einer der bedeutendsten Dichtungen der neugriechischen Literatur ist, nämlich des Hauptwerkes des Lyrikers Odysseas Elytis (geb. 1911), der lange Zeit als Anwärter auf den Nobelpreis galt.

Axíon estín heißt aber auch das Fährschiff, das den Athoniten gehört und seit 1989 zwischen Ouranoúpolis und Dáphni eingesetzt ist und bis zu sechs Lastwagen aufnehmen kann.

Unmittelbar nordöstlich vom Protáton befindet sich das 1934 errichtete Regierungsgebäude der Republik, in dem der Athos-Besucher früher seine Aufenthaltsgenehmigung, das Diamonitírion, erhielt. Daran östlich schließt sich ein alter Turm an, der hergerichtet ist und in dem sich die Bibliothek und das Archiv des Regierungssitzes befindet. Über die Bibliothek berichtet das Bibliothekskapitel. Vom Archiv aber muß hier erwähnt werden, daß es als größten Schatz die älteste Klosterregel des Athos besitzt, die Kaiser Johannes Tsimiskís 972 erließ und die mit seiner eigenhändigen Unterschrift versehen ist. Von ihrem Material, einer Ziegenhaut, trägt sie den volkstümlichen Namen *Trágos – Bock(shaut)*. Der Trágos ist eine Lederrolle von 3,16 m Länge und 48 cm Breite und wird nur bei ganz besonderen seltenen Gelegenheiten gezeigt.

Die Skiti Ájios Andréas

Am Nordostrand von Karyés befindet sich, rings vom Grün der Bäume eingeschlossen, ein großer rechteckiger Gebäudekomplex, der ganz wie ein Kloster aussieht, in Wirklichkeit auch eines war, sich aber nie so nennen durfte, die russische Skiti des hl. Andreas. Die Anlage ist eine Schöpfung des 19. und beginnenden 20. Jh., hat also dem, der auf Byzantinisches aus ist, nichts zu bieten. Trotzdem sollte man nicht den kurzen Abstecher von Karyés hierher versäumen.

Die Skiti war in alter Zeit ein Klösterchen gewesen, dann ein Kellíon. Dies wurde 1842 russischen Mönchen eingeräumt, die es alsbald durch Neubauten erweiterten, so daß sie schon 1849 vom Patriarchat die Anerkennung als kinovitische Skiti erhielten. Der Ausbau machte normale Fortschritte, bis im Juni 1867 Zar Alexander II. (1855–81) bei seinem Besuch in Paris dem Mordanschlag eines polnischen Nationalisten unverletzt entkam und zum Dank für seine Rettung großzügige Stiftungen machte, die in der Hauptsache der Skiti des hl. Andreas auf dem Athos zugute kamen. So entstand dort in den nächsten Jahrzehnten jener ausgedehnte Komplex und jene gewaltige Kirche, die bis zur Vollendung der Andreas-Kirche von Patras die größte in ganz Griechenland war. Der hl. Andreas ist der Schutzpatron der orthodoxen Kirche. Nach dem Johannesevangelium war nicht Petrus, sondern sein Bruder Andreas der *Erstberufene (protóklitos)* der Apostel (Joh 1,40). In der Andreas-Kirche von Patras wird sein Haupt *(i ajía Kára)* aufbewahrt.

Der Ausbau der Skiti, die schließlich Hunderte von Mönchen beherbergte und ganz nach Art eines großen kinovitischen Klosters geführt wurde, erfolgte von den Russen in der Hoffnung, daß sie am Ende auch als solches anerkannt würde. Aber diese Erwartung scheiterte an der Angst der Griechen vor der slawischen Überfremdung. Sie beriefen sich strikt auf die Regelung des Sigíllions von 1794, das die Zahl der Klöster ein für allemal auf zwanzig festlegte. So blieb Áj. Andréas trotz seiner Größe und Organisation Skiti, eine Dependance des Klosters Vatopédi, in dessen Gebiet sie lag.

Die Skiti war großzügig, in vielem vorbildlich eingerichtet. Sie verfügte über ein eigenes, modern ausgestattetes Krankenhaus, über eine eigene Apotheke, über Waschanstalten, Sanitäranlagen, Kleiderkammern, Versorgungsmagazine, zahlreiche eigene Werkstätten. In der Kirche und den zahlreichen Kapellen häuften sich wertvolle Ikonen. Das Katholikón war mit einem Templon, mit Leuchtern und kultischen Geräten ausgestattet, die allein schon einen außerordentlichen Materialwert darstellten. Aber es heißt, daß trotz all dieses Aufwandes ein strenger asketischer Geist unter den Mönchen herrschte.

Das alles fand seinen Einschnitt mit der Russischen Revolution. Danach nahm die Zahl der Mönche ständig ab. Der letzte starb 1972. Die Skiti fiel ganz an Vatopédi zurück. Im Juni 1958 hatte ein drei Tage wütender Brand den Westtrakt der Skiti vernichtet, wobei die ganze Bibliothek, wertvolles Inventar sowie zahlreiche Ikonen den Flammen zum Opfer fielen. So brachte man bei der Verwaisung 1972 die wertvollsten Ikonen, Reliquien, liturgischen Geräte nach Vatopédi in Sicherheit, wo es freilich auch hin und wieder brennt. Die verlassenen Gebäude aber werden nur notdürftig überwacht.

Über den Brand von Áj. Andréas gibt es die schlimmsten und finstersten Gerüchte. Wertvolle Handschriften der Bibliothek tauchten im internationalen Handel auf, und so mußte fast unvermeidlich die Vermutung aufkommen, der Brand sei mit Absicht angelegt worden, um das Verschwinden der verkauften Handschriften zu kaschieren. Wie die Dinge liegen, muß man sagen: Einen Beweis dafür wird niemand jemals antreten können.

Zur Architektur der Athos-Klöster

Die Athos-Klöster treten dem Besucher als imposante, vielgliedrige Baukomplexe von ausgeprägter Individualität entgegen. Obwohl den meisten von ihnen ein verwandter Grundriß gemeinsam ist, bietet doch jedes seinen eigenen, unverwechselbaren Anblick. Dazu verhilft allein schon die unterschiedliche Lage in einer großartigen, abwechslungsreichen Natur. Auf flachem Küstenterrain in der Nähe des Meeres weitläufig hingebreitet, inmitten des Berggeländes vom umdrängenden Wald zu großer Konzentration gezwungen oder auf kleinen Vorgebirgen und steilen Felsklötzen auf engem Raum zusammengedrängt und festungsartig in die Höhe gebaut, bieten sie eine Vielfalt, die nicht zum geringsten die Attraktivität des Athos und das Staunen und die Bewunderung des Besuchers ausmacht.

Die Klöster haben natürlich in ihrer langen Geschichte durch Belagerungen, Plünderungen, Brände, durch Umbauten, Erweiterungen, Erneuerungen große Veränderungen erfahren. Einem Teil von ihnen ist heute der ehemalige Wehrcharakter auf den ersten Blick nicht mehr anzusehen. Und doch waren die meisten von ihnen als Wehranlagen errichtet oder umgebaut worden, seitdem nach der arabischen Eroberung des Mittelmeerraums die Piratengefahr jahrhundertelang anhielt. Die Anlage ist rechteckig, wie es u. a. auch die byzantinischen Grenzfestungen waren, die ein großes freies Rechteck umschließen, in dessen Mitte mehrere ansehnliche Kirchen Platz fanden. So umschließen auch die Athos-Klöster auf begrenzterem Raum einen freien Hof, in dessen Mitte sich die Kirche, das sog. Katholikón, auch die eine oder andere Kapelle und der Weihbrunnen (Phiále) befinden.

Die rechteckige Wehranlage wird durch ein schweres mehrstöckiges Steinfundament gebildet, das dem Feind eine unangreifbare Außenfront entgegensetzt. Es versteht sich von selbst, daß sie nur durch ein einziges, stark abgesichertes Tor durchbrochen war. Auf diesem Fundament, das bei Klöstern, die auf isolierten Felsen errichtet sind, die Form von massiven, künstlich erhöhten Felsklötzen annimmt, sind dann in Holz und Fachwerk die Wohntrakte errichtet, teils nach innen, teils aber auch nach außen gewendet. Die große Zahl der Mönche erforderte mehrstöckige Aufbauten. Auf der Hofseite sind die Mönchszellen an einem Gang gelegen, der sie miteinander verbindet. Diese übereinandergestaffelten Gänge sind durch Arkaden zu Galerien ausgebaut, die durch Außentreppen miteinander verbunden sind und den Klosterhöfen das charakteristische Aussehen verleihen.

Der zweite Hauptbestandteil der Wehranlage ist der in den meisten Klöstern noch eindrucksvoll erhaltene Wehrturm. Die Wehrtürme liegen gewöhnlich an der Außenmauer, können aber auch in einer Ecke oder frei stehend im Hof errichtet sein. Manche Klöster besaßen mehrere Türme – Megísti Lávra hat fünfzehn –, so wie oft auch die Schiffsanlegestellen oder kleinen Häfen der Klöster (Arsanádes) zusätzlich durch einen eigenen Wehrturm gesichert waren. Die Türme erfüllten einen doppelten Zweck. Sie dienten als Auslug *(skopeíon)* zur Feindbeobachtung und im äußersten Fall als Zufluchtsstätte *(kataphýgion)* der Belagerten oder Bedrohten, die von hier aus die Angreifer nach allen vier Seiten beschießen konnten. In jedem Turm befand sich gewöhnlich eine Kapelle, die den Eingeschlossenen die Fortsetzung der Liturgie ermöglichte, und eine Zisterne.

Die oft noch mit ihrer Zinnenbekrönung erhaltenen Türme geben vielen Klöstern auch heute ein betont wehrhaftes Aussehen, am eindrucksvollsten vielleicht beim Kloster Stavronikíta, das einen deutschen Besucher aus größerer Ferne unvermeidlich an die Burgen am Rhein erinnert. Es gibt auch gewaltige isolierte frei stehende Türme, nicht nur bei den Hafenanlagen, sondern auch sonst, so z.B. der in der Nähe des Klo sters Chilandári gelegene Milutinturm von 1313. Und vom ehemaligen Kloster der Amalfitaner, das im 14. Jh. aufgegeben werden mußte, ist als einziges der Turm, dieser aber eindrucksvoll und wohlerhalten als großartiges Monument italienischen Festungsbaus, bis heute übriggeblieben.

Nun kommen wir vom weltlichen zum geistlichen Teil der Klosteranlage. Ihre Mitte bildet die Kirche, das sog. Katholikón, ein Appellativ, das nur für Klosterkirchen verwandt wird und einfach das allgemeine, für alle gemeinsame Gebäude bezeichnet. Bis auf das Protáton, die Hauptkirche von Karyés, die eine Basilika darstellt (s. o. S. 48), sind alle Klosterkirchen des Athos sog. Kreuzkuppelkirchen (s. S. 87). Den Kern des Grundrisses bildet ein griechisches Kreuz, d. h. ein Kreuz mit gleich langen Armen, dessen Mitte – eben die Kreuzung der Arme – von einer Kuppel überwölbt ist, die von vier Säulen getragen wird. An die drei Kreuzarme im Norden, Osten und Süden schließen sich Apsiden oder Konchen an. So entsteht die Drei-Konchen-Kirche. In den Winkeln nördlich und südlich der Ostapsis sind gewöhnlich, aber nicht immer in symmetrischer Form zwei Nebenräume eingefügt, die der Vorbereitung der Liturgie dienen. Im Diakonikón im Süden werden die Priestergewänder und liturgischen Geräte aufbewahrt, in der Próthesis im Norden wird die Eucharistie vorbereitet, werden Brot und Wein aufbewahrt. Im Westen schließt sich an den Kuppelraum ein rechteckiger Kirchenraum an, der auf zwei Säulen errichtet, querrechteckig, später, bei größerem Raumbedarf auf vier Säulen errichtet, längsrechteckig ist. Es ist der sog. Innere Vorraum (Endonarthex), oft auch Lití genannt, nach der besonderen Liturgie, die hier stattfindet. Die ältesten Kreuzkuppelkirchen des Athos sind niedrig, klein und plump. So wird z. B. die Kuppel der Megísti Lávra noch nicht von Säulen, sondern von ungefügen Pfeilern getragen. Später werden die Kirchen eleganter, feingliedriger und höher. Aber niemals sind sie groß. Sie waren ja auch nicht für eine Pfarrgemeinde mit vielen Gläubigen, sondern nur für eine kleine Mönchsgemeinde und deren liturgische Bedürfnisse gedacht. Der Durchmesser des Kuppelraums von Westen nach Osten (unter Ausschluß der Ostapsis) erreicht nicht mehr als 10–12 Meter, der Durchmesser von Norden nach Süden unter Einschluß der Apsiden nicht mehr als 21 Meter. Der Durchmesser der Kuppel mißt höchstens sechs Meter, oft nicht mehr als vier. Das sind also recht bescheidene Größenverhältnisse, bei denen man sich freilich etwas ratlos fragt, wie sie den liturgischen Bedürfnissen gerecht werden konnten in Zeiten, da einige der Klöster zweihundert bis dreihundert Mönche zählten.

Durch Größe eindrucksvolle Klosterkirchen byzantinischer Zeit sucht man also auf dem Athos vergebens. Sie machen auch sonst auf den westlichen Besucher einen ungewohnten, nicht durchaus erhebenden Eindruck. Ein mitreißendes oder auch nur umfangendes Raumgefühl, wie es ihm in den größeren Basiliken von Rom und Ravenna oder in romanischen und gotischen Kirchen zuteil wird, bleibt ihm hier vorenthalten. Es gibt kein umschließendes Raumerlebnis. Der Raum dieser Kirchen strebt nach allen Seiten auseinander und wird durch die vielen herabhängenden Leuchter und Lampen noch weiter zerteilt. Die Kuppel strebt zwar in die Höhe und weist den Besucher in eine bestimmte Richtung, aber diese Elevation steht nicht in Harmonie mit den anderen Richtungen des Raumes und wirkt oft geradezu irritierend. Wir begegnen hier einer ganz anderen Raumauffassung als im Westen.

Der Vollständigkeit halber sei noch angefügt, daß der Tambour, d. h. der Zylinder, auf dem die Wölbung der Kuppel ruht, gewöhnlich innen rund, außen aber polygonal ist. Dort stehen dann an den Ecken des Polygons schlanke Säulen, die zusammen mit den schmalen hohen Fenstern und dem kunstvoll gewellten Bleidach einen zierlichen, dekorativen Turm ergeben. Und auch das ist noch anzufügen, daß dem Endonarthex oft noch ein Exonarthex vorgeschaltet ist, gewöhnlich nicht so tief wie der Endonarthex. Er kann sehr verschieden gebaut sein, als fester Stein- oder Ziegelbau wie die Kirche, aber auch einfach als Glasverkleidung zwischen Säulen, ungefähr in der Art unserer Wintergärten. Es gibt auch Kirchen, denen außer einem Exonarthex im Westen noch ein solcher im Norden vorgesetzt ist (vgl. Abb. S. 50 u. 75).

Der zweitwichtigste Raum im Kloster ist die Trápeza, das Refektorium, der Speisesaal[4]. Jedem Besucher wird sofort auffallen, daß der gemeinsame Speisesaal der Mönche kein profaner Zweckraum, sondern ebenfalls ein liturgischer, gottesdienstlicher Raum ist. Darauf weist schon der reiche Freskenschmuck, der wie in der Kirche die Wände ziert, darauf weist die Apsis oder weisen die drei Apsiden, die die Stirnwand vertiefen, und darauf weist schließlich auch die Kanzel, von der während der Mahlzeiten Heiligenlegenden und Texte der Mönchs- und Kirchenväter verlesen werden. Es gibt Trápezes, die die einfache Form eines rechteckigen Saales haben, andere, die durch einen Querraum an der Stirn zur Form eines T erweitert sind, wieder andere, wo der Querarm in der Mitte des Hauptraums liegt, so daß ein Kreuz entsteht. Die Kanzel ist dann jeweils an der Ecke, wo die Arme zusammenstoßen, angebracht, so daß der Vorleser in allen Raumteilen sicht- und hörbar ist. Der Eßtisch des monarchischen Abtes ist von allen anderen Tischen getrennt und befindet sich auf erhöhtem Podium unmittelbar vor der Hauptapsis.

Dem Zweck und Charakter des Raumes entsprechend, ist in der Wölbung der Mittelapsis gewöhnlich das Letzte Abendmahl *(mystikón deípnon)* dargestellt. Daneben, auf der Stirnwand, können andere Speisungsszenen angebracht sein. Das Malerhandbuch vom Athos gibt überraschenderweise keine alttestamentlichen Speiseszenen an wie etwa das Mannawunder in der Wüste, die Philoxenie Abrahams oder die Geschichte von David und den Schaubroten, sondern nur neutestamentliche, diese aber reichlich (§ 442): Christus speist mit den Zöllnern, Die Jünger reißen (am Sabbat) die Ähren aus, Christus segnet die fünf Brote, Die Gastfreundschaft Marthas, Christus bricht das Brot in Emmaus. Unter dem Letzten Abendmahl befinden sich die großen Gestalten der bedeutend-

---

[4] Das Wort *Trápeza*, das eigentlich *Vierfuß* bedeutet, hat zwei übertragene Bedeutungen. Es bezeichnet zunächst einfach den *Tisch*, dann aber auch wie lat. mensa den heiligen Tisch, den *Altar*, und schließlich den Tisch des Geldwechslers, heute die *Bank*. Ethnikí, Emporikí Trápeza ist die National- bzw. Handelsbank.

sten griechischen Kirchenväter, wie auch das unterste Register der Längswände bekannte und weniger bekannte Heilige in Reihen aufführt. Die Freskenstreifen darüber bringen Szenen der heiligen Geschichte oder aus Legenden.

Zu diesem reichen farbigen Wandschmuck kommen oft aufwendige, reich verzierte Holzdecken, dazu noch große Marmortische, so daß diese athonitischen Speisesäle einen überaus festlichen und einladenden Eindruck machen. Nur daß es hier nicht viel Lukullisches zu essen gibt. Und wen es trifft, daß er in eine der großen Fastenzeiten hineingerät, dem widerfährt es, daß er auf seiner ganzen Pilgerfahrt nur Bohnensuppe zu essen bekommt.

Ein kleines Bauwerk, das aber jedem Klosterhof zu großer Zierde gereicht, ist die Phiále, das Weihwasserbecken, meist eine monolithische Steinschale, die unter einem auf Säulen ruhenden Baldachin aufgestellt ist. In dieser Phiále findet an jedem Ersten des Monats und mit besonderer Feierlichkeit am 6. Januar der *Ajiasmós*, die Wasserweihe, statt, zur Beschaffung des Weihwassers, das im Verlauf des Monats gebraucht wird. So werden bei jedem Ajiasmós zunächst einmal alle Mönche und alle Räume des Klosters neu geweiht.

Die kleinen Rundbauten der Phiálen geben jedem Klosterhof einen eigenen Akzent, denn sie sind meist kunstvoll entworfen mit zierlichen Säulen, mit Arkaden in phantasievoller Ziegeltechnik darüber und mit eindrucksvollen monolithen Steinschalen. Die schönste und wertvollste Phiále ist ohne Zweifel die des Klosters Megísti Lávra. Sie hat Säulen, die mit arabischen Stalaktiten geschmückt sind, die also seltene Importstücke darstellen. Und die Interkolumnien dieser Säulen sind mit großen Reliefplatten aus Marmor geschlossen, die ins 11. Jh. datiert werden und auf dem Athos nicht ihresgleichen haben. Sie wären dann die einzigen Überreste der ältesten Kirche des Klosters, die noch von seinem Gründer, dem hl. Athanasios, selbst erbaut wurde: kostbare Brüstungsplatten aus mittelbyzantinischer Zeit, die einen letzten Abglanz davon vermitteln, mit welchem Aufwand – aus kaiserlichen Schenkungen – diese älteste Kirche errichtet war.

Die fünf Hauptklöster des Athos

Megísti Lávra

Das Kloster Megísti Lávra ist das älteste und ehrwürdigste aller Athos-Klöster. In seiner Hierarchie nimmt es die erste Stelle ein. Sein Besuch ist für jeden Athos-Pilger fast obligatorisch, und die Zahl der Wallfahrer geht in der Tat in die Tausende. Und das, obwohl das Kloster ziemlich schwer, weitaus schwerer als andere zu erreichen ist. Der Landweg ist umständlich und langwierig und der Seeweg unsicher und gefährlich. Selbst in der guten Jahreszeit ist die Südspitze des Athos oft von starken Winden und hohem Wellengang behelligt. Im Winter ist der Schiffsverkehr gewöhnlich für viele Wochen unterbrochen.

Das Kloster ist am Ostfuß des Athos auf einem Felsplateau errichtet, etwa 160 Meter über dem Meer. Der Anstieg vom Landeplatz, einem kleinen natürlichen Hafen, führt über eine große Schleife in zwanzig Minuten zum Kloster. Man versteht heute nicht recht, warum der Gründer im 10. Jh., als ihm die ganze Halbinsel zur Verfügung stand, diese abgelegene Stelle wählte. Sicherheitsbedürfnis kann es nicht gewesen sein, und durch irgendeine heilige Überlieferung, eine alte Legende, war der Ort auch nicht ausgezeichnet. Vielleicht, daß hier eine der sechs antiken Landstädte des Athos gelegen und dadurch die Ansiedlung vorbereitet war.

Lavra bedeutet Mönchssiedlung (aus einzelnen Häusern oder Hütten), nicht Kloster, und Megísti Lávra ist die größte Mönchssiedlung. Der Name ist nicht ursprünglich und hat nur dort Sinn, wo es eine ganze Reihe, darunter auch mehrere große Lavren gibt. Aber zur Zeit ihrer Gründung hatte die neue Lavra nur *eine* echte Konkurrentin, das war die Lavra in der Mitte der Halbinsel, Méssi, der Sitz des Primas (Prótos) und der Hauptkirche, das spätere und heutige Karyés. Der ursprüngliche Name scheint einfach Große Lavra – Megáli Lávra, später Lavra des hl. Athanasios gewesen zu sein. Denn das war ihr Gründer. Athanasios stammte aus Trapezúnt am Schwarzen Meer und war zunächst in das Kloster auf dem Kyminas an der Westküste Kleinasiens eingetreten, in der Nähe des heutigen Bursa. Dort lernte er durch den Abt dessen Verwandten Nikephóros Phokás kennen, einen der größten und erfolgreichsten Feldherren der ganzen byzantinischen Geschichte. Man nennt ihn auch den Napoleon des 10. Jh. Nikephóros Phokás selbst scheint es gewesen zu sein, der Athanasios auf den Athos hinwies und ihn anregte, dort ein Kloster zu errichten. Seine Absicht war, später, nach Niederlegung seines Feldherrnamtes, selbst als Mönch dort einzutreten. Aber das Geschick fügte es anders. 963, eben im Jahr der Klostergründung, wurde er von seinen Soldaten zum Kaiser ausgerufen, und seine Absicht, Mönch zu werden, war sistiert und sollte sich auch später nicht erfüllen, denn seine Herrschaft dauerte nur sechs Jahre, von 963 bis 969. Es war die Zeit, in der im Westen Otto d. Gr. regierte. Dann wurde Nikophóros Phokás von einem Mitstreiter und Nebenbuhler ermordet. Er hatte Kreta und Syrien in gefährlichen Kriegen den Arabern entrissen und dem byzantinischen Reich wieder eingefügt. Außer seinen privaten Zuwendungen scheint auch ein Teil der dort gemachten Kriegsbeute der Gründung des Athanasios zugeflossen zu sein. Aber auch sein Mörder und Nachfolger, Johannes Tsimiskís (969–976), trotz seiner kurzen Regierungszeit ebenfalls eine der bedeutendsten Gestalten der byzantinischen Geschichte, erwies sich als großzügiger Gönner, so daß die Lavra einen schnellen und ausgreifenden Aufschwung nahm. Nikephóros Phokás hatte die Zahl der Mönche, zu denen er sich selbst einmal gesellen wollte, auf achtzig begrenzt. Johannes Tsimiskís erhöhte sie auf hundertzwanzig. Das Besondere der Neugründung bestand darin, daß die Mönche in der neuen Lavra ein gemeinsames Leben führten, mit gemeinsamen Gottesdiensten und gemeinsamen Mahlzeiten, während es bisher nur Einsiedler auf dem Athos gegeben hatte. Welchen Widerstand die Alteingesessenen der Neugründung entgegensetzten und zu welchen Konsequenzen er führte, darüber ist im Geschichtskapitel näher berichtet.

Im 11. Jh. soll die Zahl der Mönche siebenhundert betragen haben, eine Zahl, die freilich ziemlich phantastisch klingt, denn das hätte ja gewaltige Bauten und Anlagen erfordert. Ihre größte Blüte erreichte die Lavra im 14. Jh. Dann folgte die Türkenzeit. Als Patriarch Anthimos II. 1622 das Kloster besuchte, fand er es nur noch von fünf bis sechs Mönchen bewohnt. Später erholte es sich wieder und gelangte mit den anderen Klöstern im 19. Jh. zu neuer Blüte. – Megísti Lávra war in langen Zeiten seiner Geschichte der Regel seines Gründers untreu und idiorrhythmisch geworden. 1980 wurde es, bestätigt durch ein Sigíllion von Patriarch Demetrios, zum Kinóvion. Inzwischen gibt es, wie wir schon hörten, überhaupt keine idiorrhythmischen Klöster auf dem Athos mehr.

Aus der Zeit des Athanasios, der um die Jahrtausendwende starb, ist noch seine Kirche erhalten, das Katholikón, das allgemeine, für alle gemeinsame Gotteshaus. Sie ist nach dem Protáton (s. o. S. 48) die älteste auf dem Athos und die erste in Form einer Kreuzkuppelkirche, die dann für alle nachfolgenden Klöster kanonisch wurde (s. o. S. 56). Alles andere ist später. Das Kloster macht heute den Eindruck einer kompakten historischen Wehranlage. Seine Umfassungsmauer ist mit nicht weniger als fünfzehn Türmen besetzt. Der größte, an der Südwest-Ecke, soll noch auf Kaiser Johannes Tsimiskís zurückgehen, nach dem er benannt ist. Im Inneren macht das Kloster trotz seines großen Hofes in manchen Winkeln den Eindruck einer gedrängten, verschachtelten mittelalterlichen Kleinstadt. Ihre Mitte nimmt natürlich das Katholikón ein, in die dunkelrote Passionsfarbe gekleidet. Von Athanasios ursprünglich Mariä Verkündigung geweiht, wurde es durch das Kloster später seinem eigenen Tod gewidmet (5. Juli). Über den Grad der Heiligkeit des Gründers scheint keine Einigkeit zu bestehen. Die einen neugriechischen Autoren bezeichnen ihn als Ájios, andere als Ósios Athanasios. *Ájios* ist *heilig*, *ósios* in etwa mit *selig* zu vergleichen *(makários)*, in Wirklich-

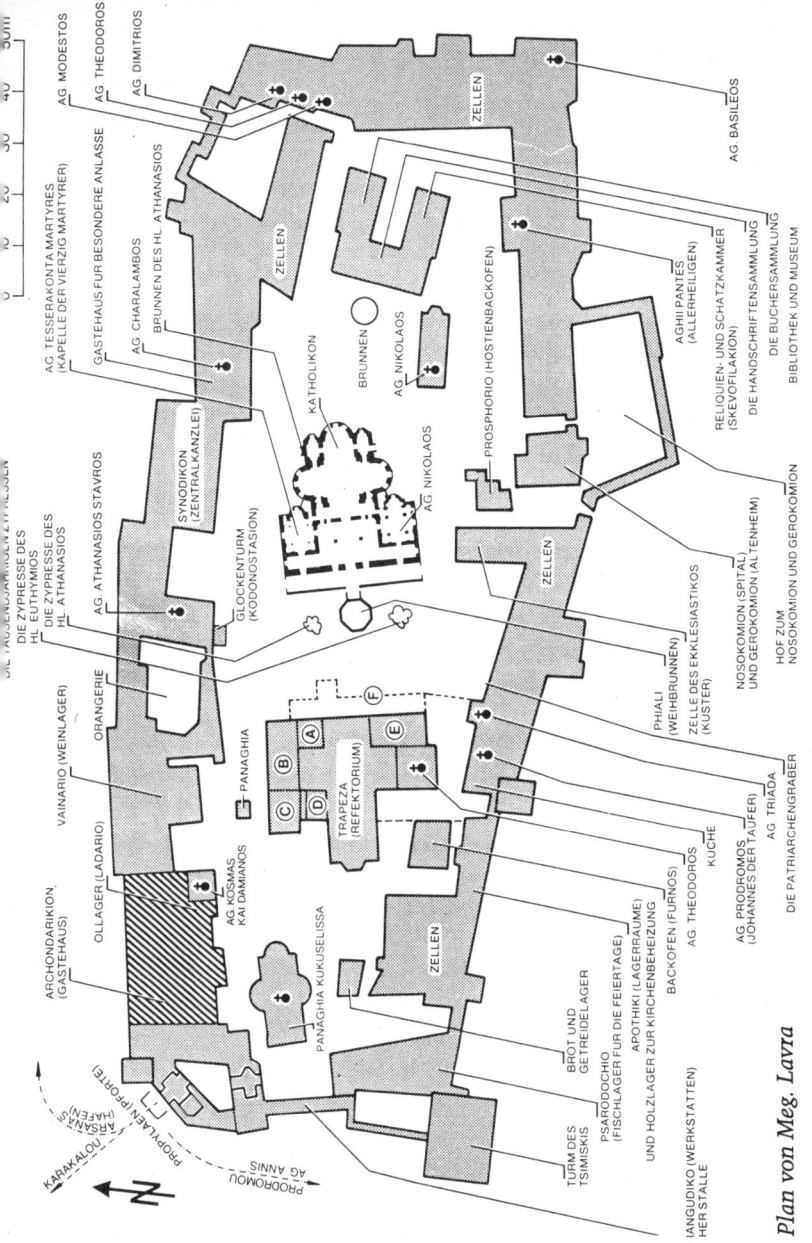

Plan von Meg. Lavra

AG. MODESTOS
AG. THEODOROS
AG. DIMITRIOS
AG. BASILEOS

ZELLEN
ZELLEN

AG TESSERAKONTA MARTYRES
(KAPELLE DER VIERZIG MÄRTYRER)
GÄSTEHAUS FÜR BESONDERE ANLÄSSE
AG. CHARALAMBOS
BRUNNEN DES HL. ATHANASIOS

AGHII PANTES
(ALLERHEILIGEN)
RELIQUIEN- UND SCHATZKAMMER
(SKEVOFILAKION)
DIE HANDSCHRIFTENSAMMLUNG
DIE BÜCHERSAMMLUNG
BIBLIOTHEK UND MUSEUM

KATHOLIKON
BRUNNEN
AG. NIKOLAOS
PROSPHORIO (HOSTIENBACKOFEN)

DIE ZYPRESSE DES
HL. EUTHYMIOS
DIE ZYPRESSE DES
HL. ATHANASIOS
SYNODIKON
(ZENTRALKANZLEI)
AG. ATHANASIOS STAVROS
GLOCKENTURM
(KODONOSTASION)
AG. NIKOLAOS
ZELLEN

NOSOKOMION (SPITAL)
UND GEROKOMION (ALTENHEIM)
HOF ZUM
NOSOKOMION UND GEROKOMION

ORANGERIE
VAINARIO (WEINLAGER)

PHIALI
(WEIHBRUNNEN)
ZELLE DES EKKLESIASTIKOS
(KÜSTER)

PANAGHIA
(A)
(B)
(C) (D)
TRAPEZA
(REFEKTORIUM)
(E)
(F)

AG. TRIADA
AG. PRODROMOS
(JOHANNES DER TÄUFER)
DIE PATRIARCHENGRÄBER

ARCHONDARIKION
(GÄSTEHAUS)
OLLAGER (LADARIO)

AG. KOSMAS
KAI DAMIANOS

PANAGHIA KUKUSELISSA

KÜCHE
BACKOFEN (FURNOS)
AG. THEODOROS
ZELLEN

BROT UND
GETREIDELAGER
APOTHIKI (LAGERRÄUME)
UND HOLZLAGER ZUR KIRCHENBEHEIZUNG

PSARODOCHIO
(FISCHLAGER FÜR DIE FEIERTAGE)

KARAKALOU
ARSANÁS
PROPYLÄEN (PFORTE)
PRODROMOU
AG. ANNIS

N

TURM DES
TSIMISKIS
ANGUDIKO (WERKSTÄTTEN)
HER STÄLLE

63

keit höher stehend, aber niedriger als *ájios*. Das gehört also auch zu den griechischen Elastizitäten.

Die Kirche wurde 1535 von dem berühmten kretischen Maler Theophanes ausgemalt, und diese Fresken zählen zu seinen reifsten Werken und mit zu den großartigsten auf dem ganzen Athos. Dagegen stammen die Fresken im Endo- und Exonarthex erst von 1854.

Der Endonarthex wird auf beiden Außenseiten von zwei ganz symmetrisch angelegten Kapellen begleitet (s. Plan). Im Süden liegt die Kapelle des hl. Nikólaos, ausgemalt mit Fresken des Phrangos Kastelanos von 1560, kretisch beeinflußt, aber von deutlicher Eigenart. Die Kapelle im Norden ist den Vierzig Märtyrern geweiht, und in ihr befindet sich der Sarkophag mit den Gebeinen des hl. Athanasios, bedeckt mit einem Tuch, das eine Darstellung des Heiligen trägt, das ganze ein vielbesuchtes Wallfahrtsziel. Die Fresken, die aus dem 16. Jh. stammten, wurden 1854 übermalt.

Vor dem Eingang zur Kirche befindet sich die eindrucksvolle Phiále, die wir o. S. 59 schon beschrieben haben. Eingerahmt ist sie von zwei großen Zypressen, die viel zur Großartigkeit des schönen Hofes beitragen. Nach der Legende soll die größere noch von Athanasios selbst, die andere von seinem Nachfolger Euthymios gepflanzt worden sein. Ein Botaniker müßte leicht feststellen können, wie alt sie in Wirklichkeit sind. Aber wer ist daran interessiert, sie herabzudatieren!

Gegenüber von Phiále und Kirche liegt dann die große kreuzförmige Trápeza. Sie ist von anderen Refektorien auf dem Athos dadurch unterschieden, daß ihr hohe und tiefe Schutzdächer vorgelegt sind, weil nämlich schon ihre Außenwand fast ganz mit Fresken bedeckt ist, deren leuchtende Farben einen höchst festlichen und einladenden Eindruck machen. Im Inneren begegnet man wieder Fresken der kretischen Schule. In der Kuppel der Apsis ist traditionsgemäß das Letzte Abendmahl dargestellt. Andere große Fresken gelten dem Jüngsten Gericht, der Himmelsleiter, den vierundzwanzig Häusern des Akáthistos-Hymnus (s. u. S. 91) sowie Szenen aus dem Leben Marias und der Heiligen. Besonders dekorativ ist eine große Darstellung der Wurzel Jesse, des Stammbaums Jesu. Und dann finden wir zu unserer Überraschung auch eine Reihe von Gestalten, die uns als Weise und Philosophen des griechischen Altertums präsentiert werden: Thales, Pythagoras, Solon, Sokrates, Platon, Aristoteles, Galen, Plutarch. Was sie zu bedeuten haben, das werden wir erörtern, wenn sie im Kloster Ivíron wiederkehren.

Daß die Megísti Lávra eine der reichsten Schatzkammern des Athos besitzt, wer würde das anders erwarten! Drei Mönche befinden sich im Besitz dreier getrennter Schlüssel zu drei verschiedenen Schlössern, so daß die Kammer nur von ihnen gemeinsam geöffnet werden kann. Hier ist also die alte Frage: *Quis custodiat custodes ipsos? – Wer wird die Wächter ihrerseits bewachen?* durch ein Verfahren gegenseitiger Kontrolle gelöst, unter der Voraussetzung, daß sie niemals alle drei unter einer Decke stecken werden. Allerdings muß man dazu auch bemerken: das Kloster vertraut seine Schätze nicht der Ehrlichkeit derjenigen an, die sie bewachen sollen, sondern ihrem dreigeteilten Schlüsselbund. Die Kammer enthält, man brauchte es eigentlich nicht eigens zu sagen, neben zahlreichen wertvollen Bucheinbänden, kostbaren Priestergewändern, Stickereien, liturgischen Geräten eine große Anzahl bedeutender Ikonen. Aber ihre ganz spezielle Besonderheit ist ein kostbares Prunkgewand von Nikephóros Phokás und seine Krone.

Dagegen werden die Reliquien nicht in der Schatzkammer, sondern in der Kirche aufbewahrt: die obligaten Splitter vom Kreuz Christi und die Knochen und Schädel zahlreicher Heiliger.

Die Bibliothek gilt als die reichste des Athos. Die Zahl der Handschriften wird mit „ca. 2500" angegeben, „ca." deshalb, weil etwa 500 von ihnen bis vor wenigen Jahren nicht katalogisiert waren und der inzwischen angefangene Katalog bis jetzt nicht abgeschlossen und nicht veröffentlicht ist. Von den 2500 Handschriften sind ca. 500 Pergamentkodizes, dazu kommen noch etwa 50 Pergamentrollen *(eiletária)*. Viele dieser Handschriften sind illuminiert. Wir wollen hier nur eine von ihnen besonders erwähnen, das sog. *Phokas-Lektionar*, also eine Handschrift mit den für den liturgischen Gebrauch vorgesehenen neutestamentlichen Perikopen, die angeblich von Kaiser Nikephóros Phokás (963–969) dem hl. Athanasios für seine Neugründung zum Geschenk gemacht wurde. Das muß man als Legende ansehen, denn die Handschrift scheint erst dem 11. Jh. anzugehören. Aber ihre Miniaturen sind so meisterhaft, zum Teil auch so originell, daß sie auf jeden Fall in einem kaiserlichen Skriptorium in Konstantinopel entstanden sein müssen. Leider enthält die Handschrift nicht mehr als drei Miniaturen: Christi Abstieg ins Totenreich (Ostern), Christi Geburt (Weihnachten) und den Heimgang Mariä (Mariä Himmelfahrt), womit offenbar die drei wichtigsten Kirchenfeste hervorgehoben werden sollten.

Und dann ist noch eine Handschrift zu erwähnen, der sog. *Codex Euthalianus* mit dem Text des Neuen Testaments. Es handelt sich um die älteste auf dem Athos erhaltene Handschrift überhaupt, aus dem 6. Jh. Leider sind von ihr nur noch 33 Blätter (66 Seiten) erhalten, und auch diese noch über ganz Europa verstreut: Paris, Turin, St. Petersburg, Kiew, Moskau. Auf dem Athos selbst, eben in Megísti Lávra, sind nur noch acht Blätter vorhanden. Prof. P. K. Chrestou bezeichnet diese Handschrift in seinem Athos-Führer von 1989 als „einen der ältesten Zeugen des Textes des Neuen Testaments" (S. 105). Das ist paläographischer Unsinn, sei es nun aus Großsprecherei, sei es aus Unkenntnis. Die ältesten Textzeugen des Neuen Testaments sind die Papyruskodizes des 2. und 3. Jh. Aber sie sind stark fragmentiert. Die großen, maßgebenden, vollständigen Bibelhandschriften stammen aus dem 4. Jh. Eine Handschrift aus dem 6. Jh. ist bereits sehr jung. Und eine Handschrift, von der nur noch 33 Blätter erhalten sind, ist natürlich in ihrem textkritischen Wert von vornherein überaus beschränkt. Aber die Griechen können von ihrem Nationalsport nicht lassen, sich selbst und anderen etwas vorzumachen.

Vatopédi

Vatopédi ist das größte und wohlhabendste Kloster auf dem Athos, und der Aufenthalt dort ist für den Besucher mit Annehmlichkeiten verbunden, wie sie sonst nur noch das Kloster Grigoríou zu bieten hat. Dem übers Meer Ankommenden weist das Kloster seine Hauptfront, eine durchgehende, harmonisch gegliederte Gebäudezeile von über zweihundert Meter Länge, die oberen Stockwerke rot oder rot-weiß gestrichen, was inmitten der grünen Landschaft einen betont lebhaften und für den Besucher freundlichen, einladenden Eindruck macht. Ein großer zinnenbekrönter Wehrturm auf der linken Seite erinnert noch an gefährliche, kriegerische Zeiten. Aber sonst trägt der Anblick des Klosters nichts Wehrhaftes mehr an sich, sondern verheißt den Eintritt in eine friedliche Oase. Wie ein heiterer Sommerpalast liegt es da.

Das Kloster, das in seiner Glanzzeit einmal dreihundert Mönche beherbergte, hat die Form eines ziemlich regelmäßigen Dreiecks von 200–250 Meter Seitenlänge und umschließt einen großen, in mehreren Terrassenstufen ansteigenden gepflasterten Hof, in dem sich die Gemeinschaftsgebäude befinden. Der Name ist wie der von Karyés und Dáphni nicht sakral, sondern geographisch-botanisch und bedeutet Brombeerebene, denn die Talsenke, in die das Kloster hineingebaut ist, war von dichtem Brombeergesträuch bestanden.

Vatopédi entstand wie Megísti Lávra bereits im 10. Jh. Zwar kommt es im ersten Typikón, der Klosterregel von 972, noch nicht vor, wohl aber in einer Urkunde des Athos-Primas (Prótos) Thomas vom Jahre 985, so daß man die Zeit seiner Gründung mit ziemlicher Sicherheit in die wenigen Jahre von 972 bis 985 einschließen kann. Das Kloster scheint schnell aufgeblüht zu sein, denn im zweiten Typikón von 1045 steht es an zweiter Stelle hinter der Megísti Lávra, und der Abt hat das Recht, bei den Synáxeis, den allgemeinen großen Versammlungen der Athos-Mönche, mit einem Gefolge von vier Begleitern aufzutreten. Diese zweite Stelle in der Hierarchie

Kloster Vatopédi. Zeichnung von Berteault nach einer Photographie von Comte B. de Nadaillac (1896)

der Athos-Klöster ist Vatopédi bis heute verblieben. Es hat sich in seiner Geschichte mehrmals betont fortschrittlich gezeigt. Vatopédi war das einzige Athos-Kloster, das sich der europäischen Zeitregelung, dem Gregorianischen Kalender, anschloß – es kehrte allerdings später, aus Gründen der Solidarität, zum Julianischen zurück –, und das erste, das elektrisches Licht einführte, mit Hilfe der Installation eines eigenen Generators.

Das Katholikón ist etwas jünger als das von Megísti Lávra, wird jedoch noch dem 10. Jh. zugeschrieben. Aber seine Kuppel ruht nicht mehr wie dort auf Pfeilern, sondern auf Säulen, und alle Formen sind schlanker und höher. Die erhaltene Ausmalung stammt aus dem Anfang des 14. Jh. aus der Zeit des großen Klosterförderers Andrónikos II. Paläológos (1282 bis 1328), erfuhr jedoch 1739 und 1819 „Erneuerung" oder Übermalung, so daß der ursprüngliche Eindruck stark geschwächt ist. Es ist zudem ziemlich schwierig, unter den matten Farben der Übermalung die klassische Malweise zu verfolgen, die besonders noch in den Szenen der Passionsgeschichte vom Letzten Abendmahl bis zur Kreuzigung zu erkennen ist.

Das alte niedrige byzantinische Marmortémplon ist noch erhalten, ihm wurde jedoch 1788 eine hohe holzgeschnitzte Bilderwand vorgesetzt. Auch besitzt die Kirche einen großartigen marmorgedeckten Boden. Ihr ganz besonderer Schmuck aber sind die großen Mosaiken. Es gibt auf dem Athos nicht sehr viele, aber doch eine ganze Reihe von Mosaikikonen. Wandmosaiken dagegen besitzt nur die Kirche von Vatopédi. Sie ist dem Fest Mariä Verkündigung – Evangelismós (25. März) – geweiht, und so findet sich auf den Mosaiken zweimal die Darstellung der Verkündigung, einmal über den Kapitellen der beiden östlichen Säulen, die die Kuppel tragen und unmittelbar vor der Bilderwand stehen, zum anderen auf beiden Seiten der Eingangstür vom Exo- zum Endonarthex. Und im Tympanon dieser Tür ist ein Mosaik der Déisis (Fürbitte) angebracht: der thronende Christus zwischen Maria und Johannes dem Täufer. Ein weiteres Mosaik mit dem hl. Nikólaos findet sich in dessen Kapelle an der Nordseite des Katholikóns neben dem Endonarthex (s. Plan). Der strengere Stil der Verkündigung über den Säulen weist auf die erste, die andere Verkündigung im Exonarthex auf die zweite Hälfte des 11. Jh. Die Mosaiken bilden also die bei weitem ältesten erhaltenen Schmuckelemente der Kirche, von der man sich aber nun nicht vorstellen darf, sie sei einmal vollständig mosaiziert gewesen. Vielmehr steht fest, daß die Fresken an Umfang die Mosaiken immer weit übertrafen.

Der Exonarthex wurde 1426 erneuert, zweistöckig, mit großen offenen Arkaden im Untergeschoß, die im Sommer gegen Sonne und Hitze mit großen Zeltplanen verhängt werden. Die Fresken des neuen Exonarthex wurden 1427 ausgeführt, aber 1819 übermalt, und die großen Heiligengestalten des 19. Jh. sind es nun, die die mittelbyzantinischen Mosaiken mit dem Engel und der Maria der Verkündigung umrahmen.

Dem Exonarthex wurde 1427 an seinem Südende ein 35 Meter hoher Uhrturm angefügt, der in gewisser Weise das Wahrzeichen von Vatopédi ist. Rechts neben dem großen Zifferblatt ist die Figur eines Mohren angebracht, der mit einem eisernen Hammer auf einem hölzernen Símandron die Stunden schlägt.

Vor diesem Uhrturm befindet sich der schöne Rundbau der Phiále, des Weihwasserbrunnens, mit einer doppelten Säulenstellung von unverkennbarem Renaissancecharakter. Die jetzige Ausmalung stammt jedoch erst von 1810. Der Kirche genau gegenüber liegt wie üblich das Gebäude der Trápeza. Der Speisesaal von Vatopédi ist einer der festlichsten, die es auf dem Athos gibt. Er ist T-förmig angelegt mit großen hohen Fenstern und drei Konchen am Westende. Unter den Fenstern läuft eine Bankreihe entlang, und davor stehen große, hufeisenförmige Marmortische. Der Bau geht auf das 12. Jh. zurück, aber die jetzige Ausmalung erfolgte 1786. Sie ist etwas grobflächig, plakatartig, aber die kräftigen harmonischen Farben machen einen sehr dekorativen festlichen Eindruck. Dazu kommen eine kostbare, in zurückhaltenden Farben angelegte Holzdecke und die farbige Lesekanzel. Dieser großartige Saal wird nicht mehr allgemein zu den üblichen Mahlzeiten be-

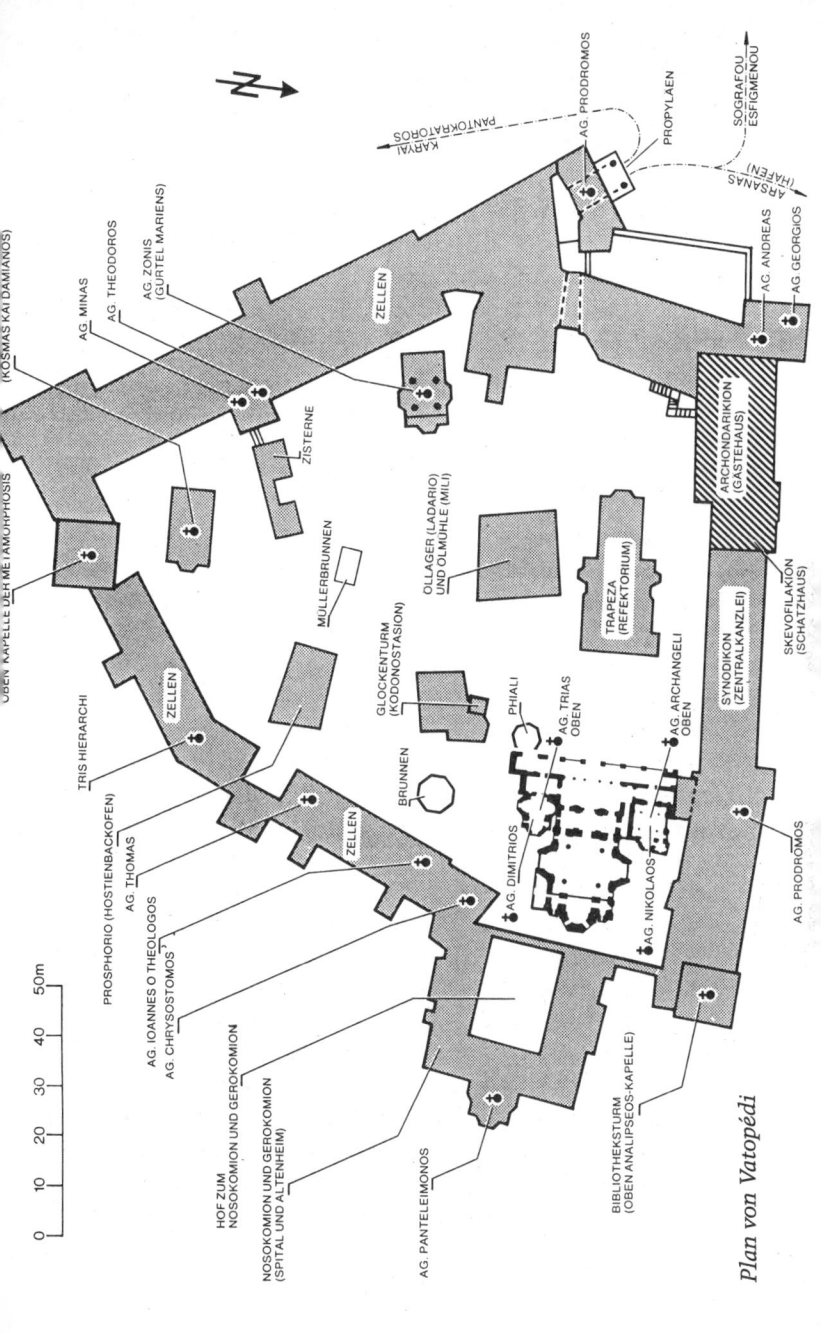

Plan von Vatopédi

0 10 20 30 40 50m

N

KARYAI / PANTOKRATOROS

AG. PRODROMOS

PROPYLAEN

SOGRAFOU ESFIGMENOU

ARSANAS (HAFEN)

AG. ANDREAS

AG. GEORGIOS

ARCHONDARIKION (GÄSTEHAUS)

SKEVOFILAKION (SCHATZHAUS)

SYNODIKON (ZENTRALKANZLEI)

TRAPEZA (REFEKTORIUM)

OILLAGER (LADARIO) UND ÖLMÜHLE (MILI)

GLOCKENTURM (KODONOSTASION)

PHIALI

AG. TRIAS OBEN

AG. ARCHANGELI OBEN

AG. DIMITRIOS

AG. NIKOLAOS

AG. PRODROMOS

BRUNNEN

BIBLIOTHEKSTURM (OBEN ANALIPSEOS-KAPELLE)

AG. PANTELEIMONOS

HOF ZUM NOSOKOMION UND GEROKOMION

NOSOKOMION UND GEROKOMION (SPITAL UND ALTENHEIM)

AG. IOANNES O THEOLOGOS

AG. CHRYSOSTOMOS

PROSPHORIO (HOSTIENBACKOFEN)

AG. THOMAS

ZELLEN

TRIS HIERARCHI

OBEN KAPELLE DER METAMORPHOSIS

MÜLLERBRUNNEN

ZISTERNE

AG. MINAS

AG. THEODOROS

AG. ZONIS (GÜRTEL MARIENS)

ZELLEN

(KOSMAS KAI DAMIANOS)

nutzt, sondern nur bei besonderen festlichen Gelegenheiten. Und das ist seinem Charakter vollkommen angemessen.

Alle genannten Gebäude: Kirche, Uhrturm, Phiále, Trápeza, aber auch viele Obergeschosse der Wohntrakte sind in blutroter Farbe gehalten, ein ständiger Hinweis auf die Passion Christi. In schlichtem Grau dagegen präsentiert sich der südwestlich vom Uhrturm aufgeführte Glockenturm, der ebenfalls mit einem Pyramidendach gedeckt, aber wesentlich höher errichtet ist, so daß er den ganzen großen Hof bestimmend überragt.

Wie jedes Kloster so besitzt auch Vatopédi außer seiner Hauptkirche eine ganze Reihe von Kapellen, teils unmittelbar im Anschluß an das Katholikón, teils über die Klostergebäude verstreut. Wir wollen hier nur noch eine selbständige Kirche erwähnen, die sich im westlichen Winkel des Klosterhofes befindet und mit ihrer rot-weißen Schichtung und ihren verschiedenen Kuppeln jeden Betrachter fröhlich stimmen muß. In dieser Kirche wird eine der wichtigsten und verehrtesten Reliquien des heiligen Berges aufbewahrt, der Gürtel der Maria *(timía zóni)*, den sie nach der Legende bei ihrer Himmelfahrt den Aposteln als Andenken zurückließ. Es ist in Wirklichkeit kein Gürtel, sondern ein leinenes Lendentuch, das um die Taille gewickelt wurde. Die Reliquie wurde ursprünglich im Vlachernenpalast von Konstantinopel aufbewahrt, dann in der Agía Sophía, und gelangte auf verschlungenen Wegen über Bulgarien an einen serbischen Fürsten, der sie Vatopédi zum Geschenk machte.

Von den übrigen Reliquien seien nur noch Splitter vom Kreuz Christi erwähnt, wie sie fast jedes Athos-Kloster besitzt, und ein Stück von dem Rohr, auf dem dem Gekreuzigten zu seiner Labsal der Schwamm mit Essig gereicht wurde. Daß Vatopédi auch eine ganze Reihe vielverehrter Marienikonen besitzt, versteht sich für ein so bedeutendes Kloster von selbst.

In die Gebäude von Vatopédi ist eine Reihe von antiken Spolien eingelassen, zum Teil von großer künstlerischer Schönheit. Man vermutet in ihnen Reste der in der Nähe gelegenen antiken Ortschaft Dion, aber zu erweisen ist es nicht.

Die Athos-Akademie

Im Hinterland von Vatopédi befindet sich auf dem Gipfel eines flachen, von niedrigem Buschwerk bestandenen Hügels eine ausgedehnte Ruine. Sie stellt die Reste einer Lehranstalt des 18. Jh. dar. Das Sultanat, die osmanische Regierung, hatte keinerlei Interesse an der geistigen Bildung ihrer Untertanen. So faßte Patriarch Kallistos V. den Plan der Selbthilfe und gründete 1743, im Zeitalter der Aufklärung, auf dem Athos eine Akademie, die die Orthodoxie mit den neuen Strömungen Europas bekannt machen, beide Traditionen vielleicht sogar versuchen sollte zu vereinigen. Zur Gründung gingen auch reiche Privatspenden ein. Die Akademie wurde ein ansehnlicher Komplex, wovon ihre Ruinen noch heute zeugen. Als ihr Leiter wurde 1753 Eugenios Búlgaris (1716–1806) berufen, ein bedeutender, aus Korfu gebürtiger orthodoxer Theologe, der vorher in Jánnina und Kozáni gelehrt hatte. Die Mönche, an sich schon allergisch gegen alle Eingriffe und Initiativen des Patriarchats, waren von vornherein ablehnend gegen die Einführung europäischer Wissenschaft in ihrer Region. Die meisten sahen nicht, was sie ihren asketischen Wegen und Zielen nutzen sollte, viele hielten sie für gefährlich, und das war gleichbedeutend mit teuflisch. Auf alle Weise versuchten sie, die Akademie zu behindern und zu schikanieren. Búlgaris konnte sich nur sechs Jahre halten. 1759 kapitulierte er vor den nicht endenden Intrigen und Verleumdungen und gab seine Stellung auf dem Athos auf. Er übernahm dann für einige Jahre die Leitung der Patriarchenschule in Konstantinopel, übersiedelte aber 1763 nach Leipzig, später nach Berlin, um seine europäischen Studien fortzusetzen. Friedrich d. Gr. empfahl ihn Katharina II. von Rußland, die ihn 1787 zum Erzbischof von Cherson ernannte. Gestorben ist er in hohem Alter 1806 in St. Petersburg. Mit seinem Namen sind bedeutende theologische Ausgaben, Übersetzungen und Studien verbunden.

Nach seinem Fortgang war das Schicksal der Akademie besiegelt, die sich nur noch kurze Zeit ihrer Gegner erwehren konnte. Als sie aufgegeben und der Lehrbetrieb eingestellt war, genügte es den Mönchen nicht, sie sich selbst zu überlassen. Sie deckten die Dächer ab, brachen Fenster und Türen aus und machten sie so mit Gewalt zur Ruine.

Das Kloster Iviron

Von den großen Klöstern des Athos ist das Kloster Iviron das von Karyés aus nächstgelegene und daher das erste, das viele Besucher des heiligen Berges kennenlernen. Der Fußweg beträgt nur eineinhalb Stunden und führt durch eine großartige Landschaft von der Hauptstadt an die Ostküste und ans Meer hinunter. Es wäre ein Versäumnis, diesen idyllischen Bergweg zugunsten der neuen Fahrstraße aufzugeben.

Das Kloster Iviron (geschr. Ibéron) ist das Kloster der Iberer, d. h. der Georgier. Es wurde 980 gegründet und war nach Megísti Lávra und Vatopédi die dritte Klostergründung auf dem Athos und die erste fremdstämmige. Das Kloster hatte reiche Gönner in der Heimat und blühte schnell auf, und auch später, in schwierigen Zeiten der Armut oder der Zerstörung, fanden sich nach einiger Frist immer wieder großzügige Wohltäter in verschiedenen Ländern, die ihm aus Notlagen heraushalfen. Das Kloster spielte eine bedeutende Rolle in der georgischen Kulturgeschichte, denn in ihm wurden viele griechische Schriften ins Georgische übersetzt und auf diese Weise griechische Literatur an die Heimat vermittelt, wie umgekehrt aber auch georgische Werke ins Griechische übersetzt wurden.

Die Blüte und Bedeutung des Klosters zog auch viele griechische Mönche in seine Mauern mit dem Effekt, daß ihre Zahl bereits im 14. Jh. die der georgischen übertraf. So erließ Patriarch Kallistos I. 1357 ein Edikt *(sigíllion)*, das die Gräzisierung des Klosters fixierte. Er stammte selbst vom Athos

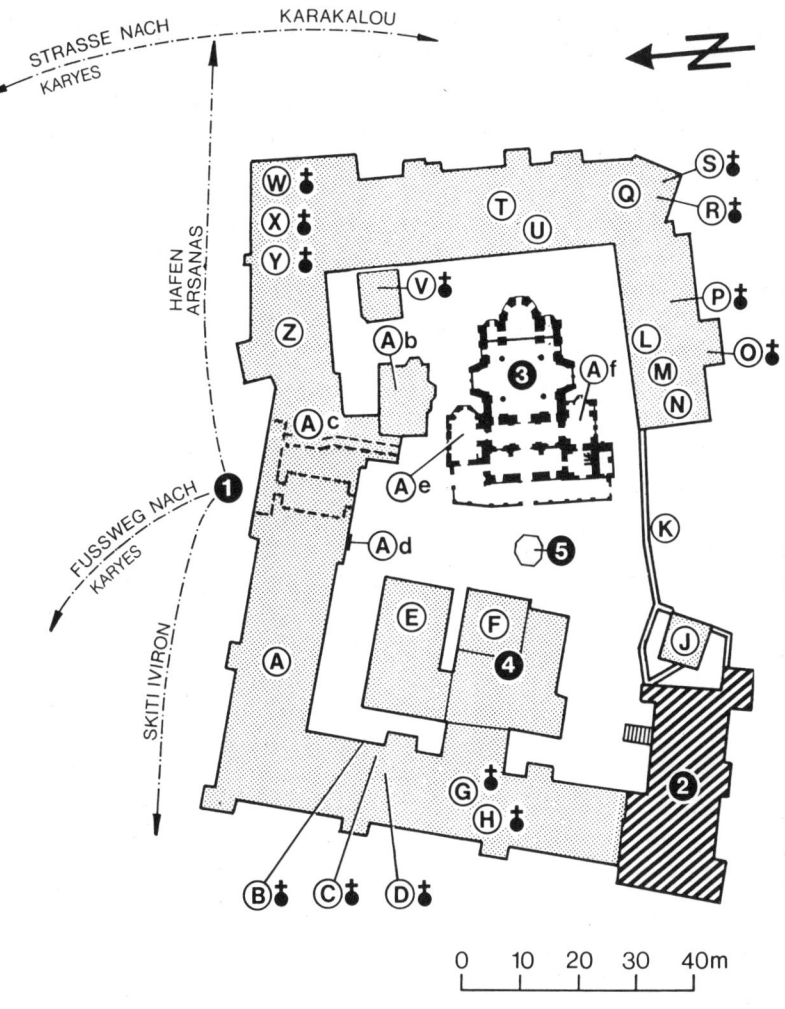

STRASSE NACH KARYES

KARAKALOU

HAFEN ARSANAS

FUSSWEG NACH KARYES

SKITI IVIRON

Plan von Iviron

und kannte die Nationalitätenverhältnisse aus eigener Erfahrung. Sein Edikt legte fest, daß der Abt von Iviron hinfort Grieche zu sein habe und daß die Liturgien in der Hauptkirche (Katholikón) auf Griechisch zu erfolgen hätten. Die Liturgien in den Nebenkirchen und Kapellen sollten abwechselnd auf Griechisch und Georgisch gehalten werden und die Titel der Mönchsämter *(diakonémata)* sollten zweisprachig geführt werden. Geradezu moderne Fragestellungen in dieser frühen Zeit.

Das Interesse der Griechen war nicht zuletzt durch den Reichtum des Klosters hervorgerufen, dem nicht nur ausgedehnter Landbesitz durch Schenkungen in verschiedenen Ländern zugefallen war, sondern dem auch eine Reihe von Klöstern außerhalb des Athos unterstellt wurde. Eines von ihnen verdient wohl eigene Erwähnung. Iviron besitzt eine der meist- und höchstverehrten Ikonen der Halbinsel, die Panajía Portaítissa, die Ikone der Maria „Pförtnerin" (s. u.). Von diesem wundertätigen Marienbild hatte sich um 1660 Zar Alexej von Rußland eine Kopie erbeten. Und als deren Ankunft in Moskau zur Heilung der schwer erkrankten Tochter des Zaren führte, machte er aus Dankbarkeit das Nikolaus-Kloster in Moskau zur Dependance von Iviron. Und die Verfügung über dieses Kloster ist Iviron bis in unser Jahrhundert erhalten geblieben. Erst 1923 wurde es von der sowjetischen Regierung beschlagnahmt.

Durch das Sigíllion des Patriarchen Kallistos war die griechische Überfremdung des Klosters unwiderruflich eingeleitet. Als Iviron im vorigen Jahrhundert zweimal, 1845 und 1865, von verheerenden Bränden heimgesucht wurde, machten die Russen den Versuch, mit Hilfe großzügiger Wiederaufbauangebote das Kloster in ihren Besitz zu bringen, Versuche, die von den Griechen natürlich aufs strikteste verhindert wurden. – Der letzte georgische Mönch starb 1955. Heute ist der Name Iviron nur noch historisch.

Das Kloster bildet ein relativ regelmäßiges Viereck, und besonders seine Meeresseite gibt ein schönes Beispiel der alten Befestigungsart: Auf mächtige, unzugängliche Steinsubstruktionen in Höhe von drei Stockwerken sind oben in Holz und Fachwerk zwei Stockwerke von Mönchszellen aufgesetzt, mit den typischen Vorsprüngen von Balkons und Erkern. Aber sonst wirkt die Klosteranlage durch die vielen im Lauf der Zeit erfolgten An-, Um- und Neubauten recht inhomogen, und dasselbe gilt auch für den ziemlich unübersichtlichen Klosterhof (s. Plan).

Das Katholikón stammte ursprünglich aus der ersten Hälfte des 11. Jh., wurde aber 1513 erneuert. Vom ersten Kirchenbau ist genau unter der Kuppel noch die kreisrunde Gründungsinschrift erhalten, eingeschlossen von einem prächtigen farbigen Marmorfußboden. Vor allem wird der Besucher auch die großartigen älteren Skulpturenkapitelle des Kirchenschiffs bewundern, mit Akanthusblättern und an den ausladenden Ecken mit Widderköpfen geschmückt, und den farbenprächtigen Keramikschmuck mit türkischen Kacheln aus Iznik.

Die Fresken dagegen sind alle spät und datieren vom 16. bis ins 19. Jh., als natürlich viele von den älteren teils „restauriert", teils übermalt wurden. Auf jeden Fall wird man sich aber das schöne holzgeschnitzte Templon mit seinen reichen Pflanzenmotiven aufmerksam ansehen und die wertvolle Türe zwischen Exo- und Endonarthex aus Silber und Ebenholz.

Die alte Trápeza des Klosters fiel vollständig dem Brand von 1845 zum Opfer. Sie wurde drei Jahre später neu errichtet und erhielt dabei über dem Eingang auch einen gewaltigen, die Harmonie sprengenden Glockenturm.

Außer der Hauptkirche umschließt das Kloster noch sechzehn kleine Kirchen oder Kapellen, von denen die wichtigsten hier kurz angeführt seien. Zwei von ihnen wurden dem Katholikón im Norden und Süden zu beiden Seiten des Endonarthex angefügt (s. Plan). Außerdem erhielt die Kirche im Westen einen dritten Narthex durch Anfügung einer verglasten Vorhalle mit Fresken von 1795. Die Kapelle im Norden (Ⓐe des Plans) ist den Erzengeln (archángeli) geweiht und beherbergt außer Fresken von 1812 Reliquien von nicht weniger als einhundertfünfzig Heiligen, ein auf dem Athos konkurrenzloser Schatz. Die südliche Kapelle ist dem hl. Nikólaos geweiht und enthält späte Fresken von 1846.

Zwei weitere wichtige Kapellen befinden sich im Hof nördlich der Kirche. Da ist zunächst die Kapelle der schon erwähnten Ikone der Portaítissa (Ⓐb), eines der meistbesuchten Heiltümer des ganzen Athos. Die Ikone, die mit Ausnahme der Gesichter Marias und des Jesuskindes ganz mit einer kostbaren Auflage *(éndyma)* aus Edelmetall, Email und Schmuck bedeckt ist, trägt ihren Namen „Pförtnerin" davon, daß sie nach der Legende selbsttätig die Bewachung des Klosters übernommen hatte und an seinem Eingang aufgestellt sein wollte, wie es früher auch der Fall war. Die Kapelle liegt neben dem alten Eingang des Klosters. Die Verheißung lautete: „Nicht ihr sollt mich bewachen, sondern ich will euch bewachen."

Die heutige Kapelle wurde 1680 errichtet und 1683 mit Fresken ausgeschmückt. Das Templon ist hundert Jahre jünger, von 1785. Eine besondere Merkwürdigkeit ist, daß sich im Narthex der Kapelle unter die Kirchenheiligen eine Reihe großer Gestalten des Altertums eingefügt findet: Solon, Sophokles, Thukydides, Platon, Aristoteles, Plutarch, und sogar auch zwei große Herrscher: Darius und Alexander d. Gr. Über ihre theologische Bedeutung gibt das Malerhandbuch Auskunft. Sie gelten als Vorverkünder der christlichen Offenbarung und werden mit phantastischen Sprüchen ausgestattet, die ihre Vorläuferschaft belegen sollen. Die Erfindungen sind zum Teil recht lang. Wir bringen zur Illustration drei kurze Beispiele, aus § 207:

Griechische Weise, die über die Menschwerdung Christi gesprochen haben:

Platon, ein Greis mit großem breitem Bart, sagt: „Der Alte ist neu, und der Neue ist alt. Der Vater ist im Sohn, und der Sohn ist im Vater. Das Eine zerteilt sich in drei, und die Drei sind eins."

Aristoteles, ein Greis mit binsenförmigem Bart, sagt: „Das Entstehen Gottes ist seinem Wesen nach mühelos. Denn aus Ihm nimmt der Logos Wesen an."

Sophokles, ein kahlköpfiger Greis, dessen Bart fünfgespal-

ten ist (der des Thukydides ist dreigespalten), *sagt: „Gott ist ohne Anfang und einfach seiner Natur nach, der den Himmel mit der Erde erschaffen hat."*

Alexander d. Gr. wird bei einem anderen Autor eine ganze Predigt in den Mund gelegt, eine Predigt *(kérygma)* über Liebe, Frieden und Wohlwollen *(agápe, eiréne kai eudokía)*, gehalten auf einem Symposion griechischer, persischer und medischer Würdenträger im Jahre 324 v. Chr.:

„Ich trenne die Menschen nicht in Griechen und Barbaren. Ich unterscheide sie nur nach einem Kriterium, der Tugend. Für mich ist jeder gute Fremde ein Grieche und jeder schlechte Grieche schlimmer als ein Barbar. – Gott dürft ihr nicht als autokratischen Regenten ansehen, sondern als gemeinsamen Vater aller, so daß eure Lebensführung dem Leben von Geschwistern derselben Familie gleichen soll" (Zitat aus Ch. Zalokostas, *Alexander d. Gr., der Vorläufer Jesu* [Athen 1934]).

So bleibt uns nur der große Perserkönig ein Rätsel. Soviel geht jedenfalls aus der Anwesenheit seiner Gestalt in der Reihe der anderen hervor, daß die Mönche ihn nicht als verworfenen Tyrannen, sondern ebenfalls als Vorverkündiger Christi angesehen haben. Und in der Tat preist Darius in seiner Inschrift in Naqsh i Rustam den höchsten Gott,

der die Erde schuf, / der den Himmel schuf,

der den Menschen schuf / und dem Menschen die Freude gab.

Darius sozusagen als Vorläufer des Apostels Paulus: „Freuet euch in dem Herrn allewege, und abermals sage ich: Freuet euch!" (Phil 4,4). Das Darius-Zitat wäre also für die Kirche durchaus brauchbar gewesen, aber von der persischen Inschrift konnten die Mönche nichts wissen.

Die andere Kapelle im Hof (V) ist Johannes dem Täufer geweiht, 1710 erbaut, 1714 ausgemalt. Das großartige holzgeschnitzte Templon stammt von 1711.

Dann besitzt Ivíron noch eine große Schatzkammer, eine der reichsten auf dem Athos, mit kostbaren Gewändern, liturgischen Geräten, seltenen Stickereien usw., und eine bedeutende Bibliothek, über die wir im Bibliothekskapitel näher berichten. Hier sei nur angefügt, daß sich unter den Handschriften immer noch etwa hundert georgische befinden, die wenigstens zum Teil von großer philologischer Bedeutung, aber nur ein geringer Rest des ursprünglichen Bestandes sind, dessen größter Teil, wie es heißt, dem Nationalismus der griechischen Mönche zum Opfer fiel.

Das Kloster Ivíron rangiert an dritter Stelle in der Hierarchie der Athos-Klöster, ist aber vor allen anderen dadurch ausgezeichnet, an dem Ort errichtet zu sein, an dem die Gottesmutter nach der Legende auf ihrer Seereise von Palästina nach Zypern auf dem heiligen Berg Zwischenstation machte, um ihn dabei für immer in Besitz zu nehmen.

Das Serbenkloster Chilandári

Das Kloster Chilandári ist das nördlichste auf der Athos-Halbinsel und wird daher von nur relativ wenigen Pilgern besucht. Der Fußmarsch von Karyés beträgt nicht weniger als sechs Stunden. – Das Kloster ist nicht am Meer gelegen, sondern eine halbe Stunde landeinwärts, in einem stillen Waldtal, und zu seiner friedlichen Natur bildet seine festungsartige Anlage einen starken, auch dem ermüdeten Wanderer nicht entgehenden Kontrast. Und wenn er das Eingangstor durchschritten hat, steht er in dem vielleicht schönsten Klosterhof, den es auf dem Athos gibt. Der Hof ist relativ klein und von malerischen Gebäudefronten eingefaßt. In ihm liegen nicht diese und jene Türme und Kapellen verstreut wie in den großen Klosterhöfen, sondern der Besucher sieht zwei alte hohe Zypressen vor sich, dahinter die Phiále und dann den langgestreckten Kirchenbau in seiner fröhlichen rot-weißen Fassung, mit seinen zahlreichen Kuppeln und Bleidächern. Rechts überragt ein schwerer hoher Turm die ganze Klosteranlage, und von ihm aus, wenn man ihn besteigt, bietet sich

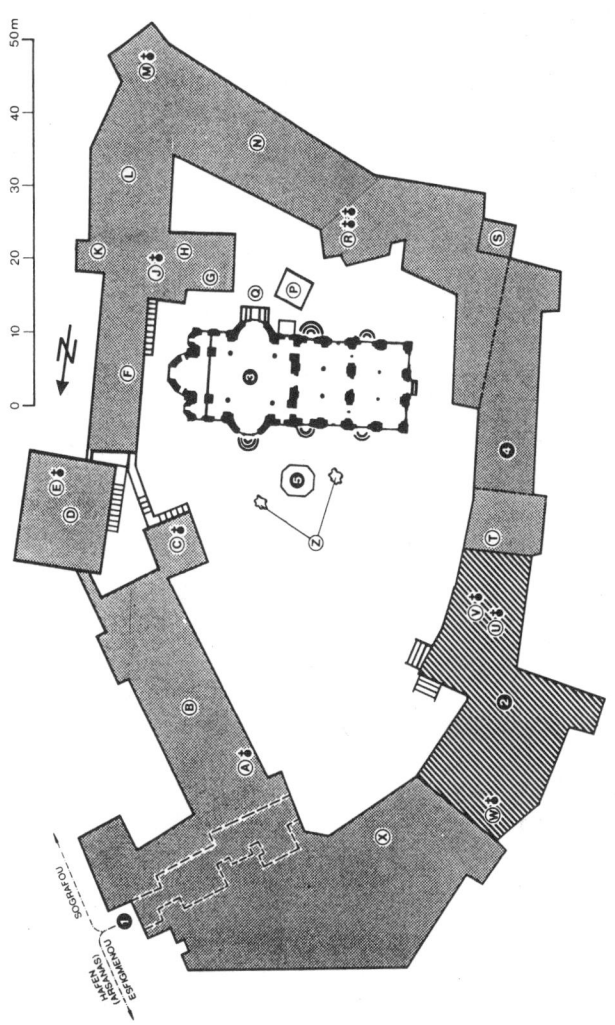

Plan von Chilandari
1 Propyläen – 2 Archondarikion (Gasttrakt) – 3 Katholikon (Mariae Opferung, Issodion, 21. November) – 4 Trapeza (Refektorium) – 5 Phiále (Weihbrunnen)

81

in der Vogelperspektive ein ganz neuer, aber ebenfalls großartiger Anblick des Klosters, der Vielfalt und Geschlossenheit auf eindrucksvolle Weise verbindet.

Der Name des Klosters scheint schon in alter Zeit unklar gewesen zu sein, denn er wird in unterschiedlicher Form überliefert. Einmal heißt er Chelandárion. Dann versteht man ihn als vom (legendären) Gründer Chelandários abgeleitet, also Kloster des Chelandários *(Moní tou Chelandaríou)*, wie wir analoge Klosternamen finden in Símonos Pétra oder Dionysíou. Die andere Form ist Chilandárion, und die wird von *chílii ándres – tausend Männer* abgeleitet und an eine Legende angeschlossen. Einst hatten, in zwei Abteilungen, tausend Piraten das Kloster umstellt, um es zu plündern. Da fiel zu seiner Rettung ein dichter Nebel über das Tal, so dicht, daß man Freund und Feind nicht mehr unterscheiden konnte, was dazu führte, daß die Piraten sich selbst gegenseitig erschlugen.

Als die historischen Gründer des Klosters gelten der Serbenkönig Stephan Nemanja (1166–96) und sein zweiter Sohn Rastko. Der Prinz verabscheute das Hofleben und trat 1189 incognito als Mönch in ein Athos-Kloster ein, wo er den Namen Savas annahm. Später wechselte er nach Vatopédi über, in das nach einiger Zeit auch sein Vater eintrat. Stephan Nemanja hatte 1196 zugunsten seines ältesten Sohnes Stephan auf den Thron verzichtet und war als Mönch Symeon ins serbische Kloster Studénica eingetreten. Von dort folgte er seinem Sohn Rastko auf den Athos. Von Vatopédi aus unternahmen es nun die beiden Serbenfürsten, ein eigenes Kloster zu errichten. Vatopédi stellte ihnen im Norden ein kleines Kloster zur Verfügung, das zu seinen Dependancen gehörte, und hier entstand nun in relativ kurzer Zeit das Serbenkloster Chilandári. König Stephan II., der Sohn und Bruder, stellte große Geldmittel zur Verfügung und sandte serbische Mönche, und Kaiser Alexios III. Angelos bestätigte es durch eine Goldsiegelbulle von 1198 als „ewiges Geschenk an die Serben".

Savas verließ später das Kloster und kehrte als erster Metropolit Serbiens in die Heimat zurück, wo er durch Kollekten Geld und durch seine Predigten Mönche für seine Klostergründung auf dem Athos sammelte. Stephan Nemanja/Symeon aber blieb in Chilandári, wo er auch starb. Sein silberner Sarkophag ist eine der größten materiellen und geistlichen Kostbarkeiten des Klosters, denn Savas und Symeon wurden wenige Jahre nach ihrem Tod von der serbischen Kirche heiliggesprochen.

Die Blüte des Klosters setzte sich auch in den folgenden Jahrhunderten fort, wo dann Chilandári eines der wichtigsten Zentren des serbischen Geisteslebens bildete. Hier erfuhren viele bedeutende Kirchenführer ihre geistliche Ausbildung, und hier wurden viele maßgebende Schriftwerke verfaßt und viele wichtige Übersetzungen aus dem Griechischen vorgenommen. Im 18. Jh. wählten auch viele Bulgaren Chilandári zu ihrem Kloster.

1722 und 1891 wurde das Kloster von verheerenden Bränden heimgesucht, denen es fast ganz zum Opfer gefallen wäre. Die zweite Katastrophe überstand es sehr schnell dadurch, daß ihm 1896 König Alexander I., der erste Herrscher des neugegründeten Königreiches Serbien, seinen Besuch machte und es durch reiche Geldmittel und die Entsendung serbischer Mönche unterstützte. So blieb das Kloster eines der wohlhabendsten des Mönchslandes und behielt seinen angestammten vierten Platz in der Hierarchie.

Die heutige Kirche des Klosters wurde Anfang des 14. Jh. errichtet, mit einer auffälligen architektonischen Neuerung: Sie erhielt nicht mehr Endo- und Exonarthex vor den Kirchenraum vorgeschaltet, sondern diese wurden zu einem einzigen großen Raum mit zwei Säulen, der sog. Lití, zusammengefaßt. Die Ausmalung erfolgte 1319/20. Sie ist also mit der des Protáton gleichzeitig (s. o. S. 50), die sie aber an Dramatik und Ausdruckskraft noch übertrifft. Unglücklicherweise wurden – wie so viele andere auch – diese spätbyzantinischen Fresken 1803/04 übermalt. Reinigungsversuche der letzten Jahre haben gezeigt, daß man die ursprünglichen Fresken zu einem Teil wiederherstellen könnte.

Durch Fürst Lazar (1371–89) wurde der Kirche ein Vorbau im Umfang der Lití angefügt, die dadurch eine ungewöhnliche

Länge erhielt und nun doch wieder eine Einteilung aufweist, die an Endo- und Exonarthex erinnert.

Ein bedeutendes, seltenes Schmuckelement der Kirche ist ihr wunderbarer Marmorfußboden, und auch ihre holzgeschnitzte Bilderwand von 1774 ist ein Meisterwerk seiner Art.

Chilandári besitzt – wir deuteten es durch die Beschreibung des Hofes schon an – kein eigenes Gebäude für die Trápeza, die vielmehr in die umgebenden Klostergebäude einbezogen ist, allerdings an der traditionellen Stelle im Westen, der Kirchenfassade genau gegenüber. Es ist ein einfacher rechteckiger Raum mit zwei Eingängen und zwei Konchen. Die Ausmalung erfolgte 1623. Unter ihr befinden sich bedeutende spätbyzantinische Fresken des 14. Jh. mit Szenen aus dem Alten Testament.

Chilandári besitzt eine bedeutende Sammlung wertvoller und guterhaltener Ikonen, die, anders als z.B. in Símonos Pétra, die verheerenden Brände heil überstanden haben. Sie sind heute in einem Neubau hinter der Kirche museumsartig ausgestellt. Unter ihnen befinden sich mehrere in der byzantinischen Kunstgeschichte berühmte, weltbekannte Meisterwerke, die einzeln aufzuführen wir uns hier jedoch versagen müssen.

Unter den Reliquien sind wie üblich Splitter vom Kreuz Christi, ein Teil der Dornenkrone und, wie in Vatopédi, ein Teil des Rohres, mit dem dem Gekreuzigten der Essigschwamm gereicht wurde, und dann, was jeden erstaunen muß, das Leichentuch Christi – *to sávano tou Christoú* –, das aber offenbar mit dem Turinischen noch niemals in Konkurrenz getreten ist. – Früher wurde in Chilandári als einer der größten Reliquienschätze auch die Schädeldecke des Propheten Jesaja gezeigt. In den neuen griechischen Darstellungen ist davon nicht mehr die Rede, aber wohl kaum deswegen, weil den Mönchen diese Kostbarkeit inzwischen selbst verdächtig geworden wäre. Es wird eher einfach damit zusammenhängen, daß man den neutestamentlichen Reliquien vor den alttestamentlichen einen natürlichen Vorzug gibt.

Unter den derzeitigen Mönchen von Chilandári befindet

sich auch ein deutscher Landsmann, der Diakon Panteleímon, gebürtig aus Alpirsbach im badischen Schwarzwald. Aber er hat sich inzwischen selbständig gemacht und 1989 auf der anderen Seite der Halbinsel das Kellíon Ágios Ignátios bei Megáli Jovánnitsa übernommen, das zu Chilandári gehört. Dieses aufgegebene und schon stark verfallene Kellíon hat er in jahrelanger entsagungsvoller Arbeit, aber mit regelmäßiger Unterstützung seiner Freunde in Deutschland inzwischen fast ganz wiederhergestellt.

Ajíou Dionysíou

Das Kloster Dionysíou ist nach seinem Stifter benannt wie andere Klöster auch: Aj. Pávlou oder Símonos Pétra. Der hl. Dionysios, der aus Koryssós bei Kastoriá stammte, war Mönch auf dem Athos und erhielt durch eine Vision die Anweisung, an einer bestimmten Stelle der Küste ein Kloster zu gründen. Er errichtete um 1362 mit einigen Brüdern einen kleinen Bau, aber für einen größeren fehlte ihm das Geld. Zum Glück war sein Bruder Theodosios, ursprünglich einmal Abt des Athos-Klosters Philothéou, Metropolit von Trapezúnt und vermittelte die Verbindung zu Kaiser Alexios III. Komnenós (1350–90) von Trapezúnt. Dionysios machte ihm seine Aufwartung, und der Kaiser war begeistert von der Vorstellung, daß der Athos Trapezúnt ein zweites Kloster verdanken würde. Das erste war die Megísti Lávra, denn deren Gründer, der hl. Athanasios, stammte ja aus Trapezúnt. Der Kaiser machte eine große Gründungsstiftung und setzte eine bedeutende jährliche Zuwendung aus. Das alles ist festgehalten in der Gründungsurkunde von 1374, einer großen, fast drei Meter (2,98 m) langen Goldsiegelbulle, die die schönste ist, die es auf dem Athos gibt, geschmückt mit einer erstrangigen Miniatur des Kaisers und der Kaiserin Theodora. Der Ornat beider ist auf das genaueste farbig wiedergegeben. Wer sie näher ansieht, wird bemerken, daß die Kaiserin nicht wie bei uns rechts, sondern links vom Kaiser steht, was freilich auch für europäische Fürstenhäuser gilt. Sie halten die versiegelte Stiftungsurkunde zwischen sich. Darüber, zwischen den Köpfen des Kaiserpaares, schwebt, in kleinerem Maßstab, eine Büste des segnenden Johannes des Täufers, denn das Kloster ist seinem Geburtstag (24. Juni) geweiht. Die Miniatur ist abgebildet bei Dölger, *Mönchsland Athos* (München 1943), S. 97, und farbig bei Kadas, *Der Berg Athos* (Athen 1979), S. 190. Der Kaiser hatte den Wunsch, daß das Kloster ihm, dem Stifter zu Ehren, den Titel Kloster des Großen Komnenen tragen sollte, aber nur vereinzelt hat es so geheißen. Es bekam den Namen seines Gründers, des hl. Dionysios.

Nach den Komnenen traten die Paläologen als Wohltäter an, und später, nach dem Untergang des Byzantinischen Reiches, in der Türkenzeit, waren es vor allem die Fürsten der Moldau und der Walachei, die, wie so vielen anderen Klöstern, auch Aj. Dionysíou ihre Großzügigkeit zuwandten. Sie waren es auch, die, als das Kloster 1535 abbrannte, seinen Wiederaufbau ermöglichten. Durch sie erhielt es im großen und ganzen die Gestalt, die wir heute sehen. Schon 1520 hatten sie dem Kloster einen gewaltigen, 25 Meter hohen Wehrturm, der unversehrt erhalten ist, und eine Wasserleitung gestiftet.

Das Kloster Dionysíou gehört zu den bekanntesten und am häufigsten abgebildeten Athos-Klöstern. Es liegt an der westlichen Steilküste auf einem abschüssigen Felsen in 80 Meter Höhe direkt über dem Meer. Der Felsen, auf dem es ruht, ist von einer großen rechteckigen Steinbastion um- und überbaut, die eine Höhe von fünf Stockwerken erreicht, aber von außen nicht zugänglich ist. Auf ihr ruhen, weiß gekalkt, drei Stockwerke Fachwerkbau, auf Spreizbalken gestützt, die diesem Fachwerk den charakteristischen, etwas gewagt und abenteuerlich anmutenden Anblick geben. Unter dem untersten Fachwerkstock, direkt an den oberen Rand der Steinbastion angelegt, befinden sich einige kleinere Schwebhäuser wie Schwalbennester, getrennt voneinander ebenfalls auf Spreizbalken errichtet, die nun vollends abenteuerlich aussehen.

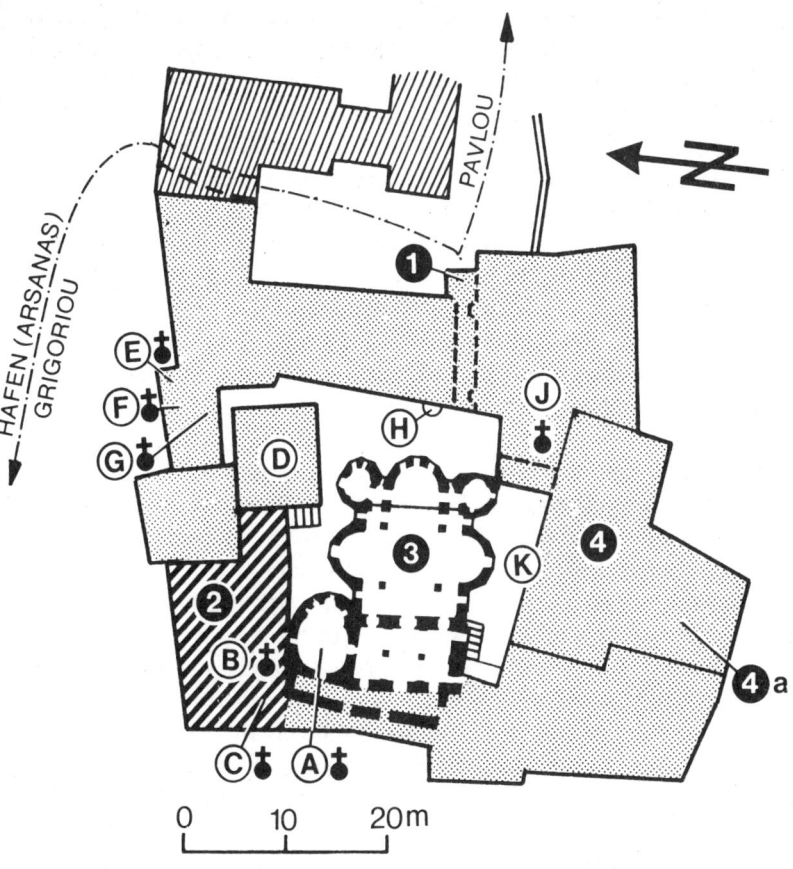

Plan von Dionysíou
1 Propyläen – 2 Archondarikion (Gasttrakt) – 3 Katholikon (Genesis tou Prodromou, Geburt Johannes d. Täufers, 24. Juni) – 4 Trapeza (Refektorium) – 4a Erweiterung der Trapeza –
A Kapelle der Panaghia – B Aghii Anarghiri – C Ag. Joannes o Theologos – D Pyrgos (Turm) – E Ag. Nifon – F Ag. Joannes Chrysostomos – G Ag. Georgios – H Brunnen – J Ag. Nikolaos – K Portikos

Man meint, es müßte großes Gottvertrauen dazu gehören, eine solche Meteorenkabine zu bewohnen. Aber sie halten nun schon seit Jahrhunderten.

Der Raum für das Kloster ist eng. Östlich des Felsens liegt nur ein kleines Plateau, und der Abhang im Süden ist so steil, daß für Ölbäume und Gemüsegärten nur einige schmale künstliche Terrassen bleiben.

Das Kloster, das von außen so imposant aussieht, verfügt nur über einen ganz kleinen Hof, so klein, daß auf ihm keine Phiále Platz fand, daß die Gebäude die Kirche so dicht umschließen, daß es in ihr dunkel ist, und daß die Trápeza nicht den traditionellen Platz westlich der Kirche gegenüber dem Narthex bekommen konnte, sondern hier im Süden von ihr liegt.

Das Katholikón wurde nach der Zerstörung im Jahrzehnt 1537 bis 1547 neu errichtet. In die rote Passionsfarbe gekleidet und mit seinen fünf bleigedeckten Kuppeln macht es einen festlichen Eindruck. Es besitzt eine architektonische Besonderheit. Die liturgischen Hilfsräume der Próthesis und des Diakonikón sind nicht wie üblich in Apsidenform parallel zur Hauptapsis angelegt, sondern sind abgespreizt als Rundbauten angelegt (s. Plan), außen als Oktagone gefaßt. Diese Gestaltung, die sich auch bei einigen anderen Kirchen findet, war hier vermutlich dadurch erzwungen, daß die beiden Hilfsräume bei normaler Parallelanlage zu klein geraten wären.

Ausgeschmückt ist die Kirche mit Fresken des kretischen Malers Tzorzis von 1546/47, eines der Hauptvertreter des kretischen Stils. Das Programm folgt der allgemeinen byzantinischen Tradition. Der Narthex wurde später von einem rumänischen Maler ausgemalt. Von besonderer Schönheit ist die holzgeschnitzte Bilderwand aus dem 18. Jh., als diese Kunstform auf ihrem Gipfel stand. Sie ist reich vergoldet und trägt Ikonen von 1805–18. Aber die fünf Ikonen der Großen Déisis sind ebenfalls Werke eines kretischen Malers, des Euphrosynos, von 1542. Daß die Kirche noch eine Reihe Ikonen verschiedener Provenienz besitzt, bedarf keiner besonderen Erwähnung.

Von den zahlreichen Kapellen, die dem Kloster innen und außen zugehören, erwähnen wir nur die, die im Hof unmittelbar nördlich neben dem Narthex liegt. Sie ist der Panajía des Akáthistos-Hymnus geweiht. Ihre Fresken von 1615 wurden unglücklicherweise 1890 übermalt. In dieser Kapelle wird eine berühmte Marienikone in Wachs-Mastix-Technik aufbewahrt, die im Jahre 626 Konstantinopel aus der Belagerung durch die Awaren gerettet haben soll.

Die Trápeza, für die an der traditionellen Stelle kein Raum war, wurde in den Südflügel des Klosters eingebaut. In Form eines unregelmäßigen T angelegt, ist sie auf allen Wänden mit Fresken bedeckt, die ebenfalls kretischen Einfluß verraten. Die Versammlung der Engel, der Einzug der Heiligen ins Paradies, eine eindrucksvolle Himmelsleiter als Ermahnung an die Mönche zu unausgesetzter Anstrengung des Aufstiegs sind einige Hauptmotive. Aber vor allem ist die Trápeza von Dionysíou berühmt wegen ihrer Fresken zur Apokalypse. Sie befinden sich außerhalb des Speisesaals in dem Wandelgang, der ihn mit der Kirche verbindet. Mit diesen apokalyptischen Fresken von Dionysíou hat es eine besondere Bewandtnis. Sie haben Holzschnitte von Lucas Cranach d. Ä. und Hans Holbein d. J. zum Vorbild gehabt. Die Nachahmung ist so unverkennbar, daß sie außer jedem Zweifel steht. Wie die deutschen Vorbilder auf den Athos gelangt sind, ist unbekannt. Vor Augen steht nur das Ergebnis. Paul Huber hat in seinem Athos-Buch (Zürich 1969) die Frage näher erörtert (S. 365–382), und vor allem hat er dort die motivgleichen Holzschnitte und Fresken einander gegenübergestellt. Der Vergleich ist frappant.

Die Schatzkammer von Dionysíou enthält natürlich alles, was man von einer solchen auf dem Athos erwarten kann. Als besondere Zimelien sollten wir wohl ein Elfenbeinrelief des 10. Jh. mit einer Darstellung der Kreuzigung und Maria und Johannes unter dem Kreuz erwähnen und eine schöne Stickerei des 16. Jh. mit dem Epitáphios. Auch Evangelien-Handschriften, teils mit Miniaturen, teils mit seltenen Einbänden geschmückt, befinden sich in der Schatzkammer, und auch die oben erwähnte Gründungsurkunde von 1374 mit der einzigartigen Miniatur von Kaiser Alexios III. und Kaiserin Theodora von Trapezúnt.

Die Reliquien dagegen befinden sich wie üblich nicht in der Schatzkammer, sondern in der Kirche. Dazu gehören zahlreiche Reliquien von Heiligen, die sehr wahrscheinlich nicht alle männlich sind. Auch hier fehlen Splitter vom Kreuz Christi nicht. Die kostbarste menschliche Reliquie bilden die Gebeine des hl. Nephon, Patriarchen von Konstantinopel, die in einem kostbaren vergoldeten Silberschrein in Form einer fünftürmigen Kirche mit reicher Ziselierung aufbewahrt werden. Das Reliquiar ist das aufwendige Geschenk eines Woiwoden der Donauländer von 1515 und gehört zu den ausgesuchtesten Kunstwerken, die der Athos besitzt. Und dann ist da noch eine Kette, die einmal den Apostel Paulus gefesselt haben soll.

Das Kloster besitzt auch eine bedeutende Bibliothek. Die sorgfältigen Bibliothekare haben ihr den Ruf eingebracht, besonders gut organisiert zu sein. Sie befindet sich in einem sicheren Raum des Neubaus. Die Zahl der Druckschriften beträgt 5000 nach Kadas, 8000 nach Chrestou. Diese große, auffällige und beunruhigende Differenz erklärt sich dadurch, daß die Druckschriften auf dem Athos überhaupt nicht katalogisiert sind. Die Bestände sind, wie wir sehen, offenbar so völlig unregistriert, daß man sie in einem so bedeutenden Kloster wie Dionysíou nicht einmal nach Tausenden genauer angeben kann. Selbst die kostbaren und seltenen Wiegendrucke, die Bücher, die vor 1500 gedruckt sind, sind nicht erfaßt. Aber es ist deswegen nicht anzunehmen, daß eines guten Tages eine Gutenberg-Bibel oder Stephan Fridolins seltener „Schatzbehalter der wahren Reichtümer des Heils und der ewigen Seligkeit" auf dem Athos auftauchen werden.

Was die Handschriften betrifft: neben einer Reihe immer noch unregistrierter stehen 804 katalogisierte. Davon sind 125 Pergamenthandschriften und drei Palimpseste. Von den 27 Rollen *(eiletária)* sind die meisten ebenfalls aus Pergament. Ungefähr sechzig der Handschriften und auch einige der Rollen sind illuminiert.

Exkurs zum Akáthistos-Hymnus

In vielen byzantinischen Kirchen finden sich Freskenzyklen, die nach dem Programm des Akáthistos-Hymnus angeordnet sind.

Der Akáthistos-Hymnus ist der beliebteste und bedeutendste Marienhymnus der orthodoxen Kirche. Er wurde im 6. Jh. von einem unbekannten Dichter geschaffen und gelangte zu seinem fortdauernden Ruhm im Jahre 626, als die Einwohner von Konstantinopel ihre Errettung aus der Belagerung durch Perser und Awaren der Mutter Gottes zuschrieben, der sie durch stehendes Absingen des ganzen Hymnus dankten, daher der etwas befremdliche Titel „Ungesessener Hymnus". Er besteht aus 24 Strophen, die ein Akrostichon bilden, das das griechische Alphabet ergibt, d. h., jede Strophe beginnt mit dem nächstfolgenden Buchstaben des Alphabets. Auf die Strophen mit ungerader Zahl folgen sieben Lobpreisungen Mariä, die sog. Chäretismí *(chairetismoí)*, auf die mit gerader Zahl das Halleluja. Der Akáthistos-Hymnus liegt den Hauptliturgien in den vierzigtägigen Fasten vor Ostern zugrunde. In den ersten vier Wochen wird nacheinander je ein Viertel des Hymnus gesungen, in der fünften der ganze. Jeder fromme Grieche nimmt an den Fastenfreitagen an den Chäretismí teil, wie man in der Volkssprache den Akáthistos-Hymnus abkürzend nennt.

Für das Verständnis griechischer Fresken ist nun wichtig zu wissen, daß der Akáthistos-Hymnus einen der größten und häufigsten Zyklen der byzantinischen Ikonographie darstellt. Und zwar kommen den 24 Strophen auch 24 Darstellungen zu, die mit einer nicht einleuchtend geklärten Bezeichnung die 24 „Häuser der Jungfrau Maria" *(Íki tis Panajías / Oíkoi tes Panagías)* genannt werden. Der Zyklus kommt nicht nur auf Wandmalereien, sondern vereinzelt auch auf Ikonen vor.

Die Hälfte der Szenen hat neutestamentliche Geschehnisse zum Gegenstand und ist in gewisser Weise dem westlichen Zyklus der Sieben Freuden Mariä vergleichbar. Er beginnt mit drei Darstellungen (Phasen) der Verkündigung. Es folgen die Empfängnis durch den Heiligen Geist, Mariä Heimsuchung, die Ratlosigkeit Josefs über das Geheimnis der Jungfrauengeburt, die Anbetung der Hirten, der Stern von Betlehem, die Anbetung der Weisen aus dem Morgenland, ihre Rückkehr nach Babylon, die Flucht nach Ägypten und die Darstellung Jesu im Tempel.

Die übrigen behandeln theologische Themen, aber die erwähnten ersten zwölf sind Darstellungen aus der neutestamentlichen Geschichte, deren erzählender Gehalt auch dem westlichen Besucher ohne weiteres zugänglich und verständlich ist.

Die Himmelsleiter

Ein charakteristisches Motiv, das sich wiederholt unter den Fresken findet, ist das von der Himmelsleiter. Auf unserer Abbildung, einer modernen Nachzeichnung von Rallis Kopsidis, heißt sie *die göttliche und zum Himmel führende Leiter des hl. Johannes.* Natürlich geht das Motiv auf Jakobs Vision in Gen 28 zurück. Aber hier steigen keine Engel auf und nieder, sondern Asketen versuchen, zu Christus aufzusteigen. Auf der rechten, der glückverheißenden Seite sind die echten Asketen dargestellt, denen es mit Hilfe der Engel gelingt, den Himmel zu erreichen, während die falschen auf der linken Seite von Teufeln zu Fall gebracht werden und in den Rachen des *alles verschlingenden Hades* abstürzen.

Die Beischrift nennt auch den Mann, auf den das Motiv zurückgeht, den hl. Johannes. Gemeint ist Johannes Sinaites (ca. 580–650). Er hatte vierzig Jahre lang in strenger Askese als Einsiedler in der Nähe des Katharinenklosters auf dem Sinai gelebt, bis er zum Abt des Klosters berufen wurde, eine Berufung, die er nur zögernd annahm. Als er sein Ende nahen fühlte, kehrte er in seine Einsiedelei zurück. Unvergänglichen Ruhm erwarb er sich in der Ostkirche durch sein Buch *Klímax tou paradeísou – Paradiesesleiter*, von dem er auch den Beinamen Klimakos erhielt. In diesem von Mönchen und Eremiten vielgelesenen Buch stellt er in dreißig Stufen (Leitersprossen) den Aufstieg der Asketen zur Vollkommenheit dar. Die Fresken mit den Darstellungen der Himmelsleiter sollten also den Mönchen eine ständige Mahnung sein, in ihrem Streben nach der Vollkommenheit nicht nachzulassen.

Christus läßt den Vollkommenen durch Engel den Siegeskranz verleihen und nimmt sie dann selbst in Empfang. Das

* Ή ΘΕΊΑ ΚΑῚ ΟῪΡΝΟΔΡΌΜΟΟ ΚΛΊΜΑ⳨ τῦ ἁγίν ἰωάννν

ὁ θΗΟ⳽ΑΥΡΟΟ, τῦ ΦΥΛΑΡΓΥΡΥ

ὁ ᾌΔΗΟ   ὁ ΠΑΜΦΆΓΟΟ

* Ταῖς ἀριταῖς πρόβαινε ὥσπερ βαθμίσι, τὸν νῦν ἀνιγῶν πρακτικαῖς θεωρίαις ·

Das Motiv der Himmelsleiter geht auf die Vision Jakobs Gen 28,10ff. zurück und wurde im 7. Jh. vom Mönchsvater Johannes Sinaites zu einer großen asketischen Anleitung ausgestaltet. Sein berühmtes, vielbenutztes Werk „Leiter zum Paradies" wurde für die Orthodoxie sowohl von großer ethisch-asketischer, wie auch hagiographischer Bedeutung, denn die vielen Darstellungen der Himmelsleiter in Fresken und Miniaturen bildeten für die Mönche eine ständige Ermahnung, durch unausgesetzte Askese das Ziel der Heiligung zu erringen.
Nachzeichnung des Motivs der Himmelsleiter von Rhallis Kopsidis

Malerhandbuch nennt auch die Worte, mit denen er sie emp-
fängt: *Kommt her zu mir alle, die ihr mühselig und beladen
seid, ich will euch erquicken* (Mt 11,28). Es ließe sich eigentlich für die Kranzverleihung ein angemesseneres Wort denken.

Das Kloster Dochiaríou

Natürlich gäbe es noch eine ganze Reihe von Klöstern, die es verdienten, wenigstens kurz vorgestellt zu werden: Xenophóntos, Aj. Panteleímonos, Símonos Pétra, Grigoríou, Aj. Pávlou auf der Westseite, Stavronikíta auf der Ostseite. Wir ziehen es vor, statt dessen ein weiteres Kloster etwas ausführlicher darzustellen.

Das Kloster Dochiaríou liegt an der Westküste des Athos und ist das erste, das der Pilger oder Reisende passiert, der mit dem Schiff von Ouranoúpolis nach Dáphni fährt. Die meisten fahren an ihm vorüber, um nie mehr zu ihm zurückzukehren. Die es aber kennenlernen, zählen es zu den schönsten und malerischsten Klöstern, die es auf dem Athos gibt. Auch der Mailänder Maler Paul Pennisi, der in den siebziger Jahren seine vielbeachteten Ikonen schuf, hatte eine Vorliebe für Dochiaríou.

Das Kloster, dicht an der Küste gelegen, ist stark befestigt. Es kehrt dem Meer seine hochgemauerte Westfront zu und wird weiter oben überragt von einem hohen, zinnenbewehrten Turm. Zwischen diesen beiden Befestigungsteilen zieht sich das Kloster auf einem unregelmäßigen Felssporn ziemlich hoch den Berg hinauf. Seine Anlage zeigt keinen geschlossenen Plan, teils wegen der Unebenheiten des Geländes, teils, weil sie sich erst im Laufe von Jahrhunderten zusammengefunden hat. Aber vom Meer aus macht das ziemlich steil übereinandergetürmte Ensemble einen imposanten Eindruck.

Als Gründer wird Euthymios genannt, ein Schüler und Brudermönch des hl. Athanasios, bei dem er Furier (Verpflegungsmeister) und Lagerverwalter war, Dochiários. Und zwar muß er dieses Diakonat sehr lange ausgeübt haben, so lange, bis

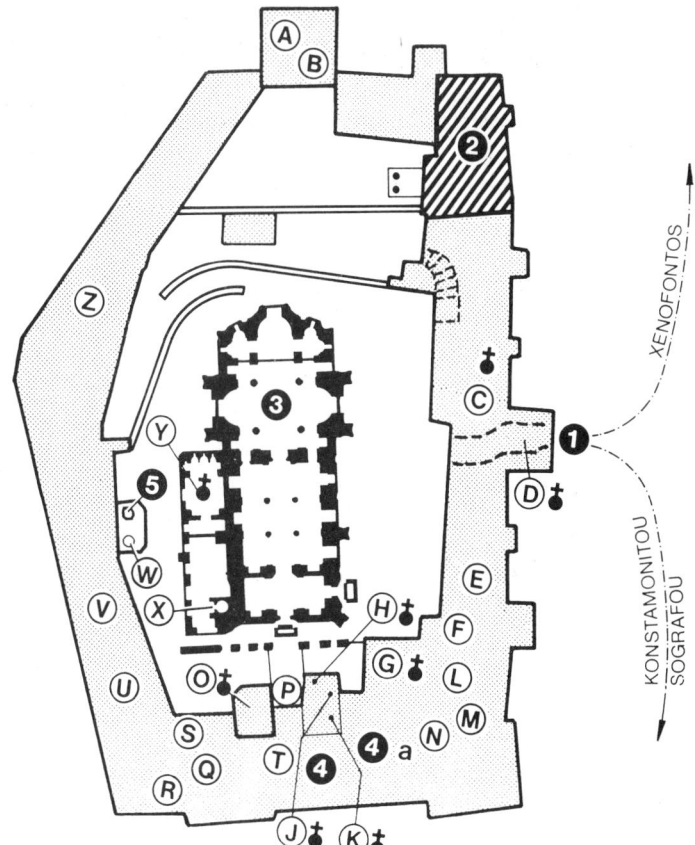

Plan von Dochiariou

1 Propyläen
2 Archondarikion (Gasttrakt)
3 Katholikon (Archangelon, 8. November)
4 Trapeza (Refektorium)
4a Alte Trapeza (ein Stockwerk tiefer)
5 Phiali (Weihbrunnen)

A Pyrgos (Turm)
B Bibliothek
C Kimisis tis Theotokou (Tod Mariae)
D Evangelismos (Verkündigungskapelle)
E Synodikon (Zentralkanzlei)
F Altes Igumenion
G Ag. Georgios
H Kapelle der Gorgoepikoos
J Ag. Anarghiri (oberh. d. Gorgoepikoos)
K Tris Hierarches (oberh. der
  Ag. Anarghiri)

L Dochion, ganz unten, reicht bis
  unterh. der Trapeza
M Ladion (Öllager; Übergang vom
  Dochion)
N Orion (Lager für Gerste, Weizen und
  Mehl)
O Standort der Gorgoepikoos
P Eingang zur neuen Trapeza
Q Dochion (auch unterh. d. Trapeza)
R Furnos (Backofen)
S Farmakion, genau darunter Küche
  (Maghirion)
T Nosokomion (Spital) im gleichen
  Stockwerk Ag. Anarghiri
U Vainarion (Weinlager)
V Ladion (Öllager)
W Brunnen der Erzengel
X Prosforion (Hostienbackofen)
Y Kapelle der 40 Märtyrer
Z Zellentrakt

sein Name ungebräuchlich wurde und man ihn nur noch nach seinem Amt nannte. Und so soll denn auch sein Kloster danach benannt worden sein: *Moní Dochiaríou – Kloster des Lagerverwalters*. Seine Gründung geht also auf das 10. Jh. zurück, in ein Jahrzehnt bald nach der Gründung von Megísti Lávra.

Im 11. Jh. fand es große kaiserliche Gönner und blühte schnell auf. Später scheint es wiederholt durch Piratenüberfälle und besonders durch den Katalaneneinfall schwere Beeinträchtigung erlitten zu haben. Kaiser Johannes V. Paläológos und der Serbenkönig Stephan Duschan suchten es zu unterstützen, doch reichte ihre vorübergehende Hilfe nicht aus. Das 15. und die erste Hälfte des 16. Jh. waren keine Glanzzeiten für das Kloster. Aber dann erstand ihm in dem aus Adrianopel stammenden Priester Georgios ein unmittelbarer Wohltäter, vielleicht sogar Retter. Das Kloster ist den *Taxiarchen* geweiht, d.h. den Erzengeln Michael und Gabriel als *Anführern* und *Befehlshabern* der himmlischen Heerscharen. Und als Georgios an der Quelle der Erzengel Heilung von einer schweren Krankheit fand, da weihte er dem Kloster sowohl sein Vermögen wie auch sich selbst. Sein Hauptverdienst aber war, daß es ihm gelang, das Fürstenpaar der Moldau-Walachei Alexander und Roxandra als Wohltäter für das Kloster zu gewinnen. Mit ihrer Hilfe wurden seine Baulichkeiten erneuert und erweitert und 1568 die Kirche von Grund auf neu errichtet, die heute den größten Stolz des Klosters bildet. Die Fürstin kaufte von Sultan Selim II. auch die Liegenschaften des Klosters zurück, die die Türken beschlagnahmt hatten. So trat das Kloster in seine zweite Blüte ein.

Im griechischen Freiheitskrieg (1821) jedoch verlor es fast seinen ganzen Wertbesitz, weil es das Unglück hatte, eine überaus räuberische Truppe als Besatzung zu erhalten. Die Mönche wurden erpreßt, alle Wertstücke, auch die versteckten, herauszugeben. Es war eine nie wieder gutzumachende Plünderung. –

Heute steht Dochiaríou in der Hierarchie der Klöster an zehnter Stelle. Schon seit 1980 ist es wieder kinovitisch.

Das Katholikón von Dochiaríou ist eines der bedeutendsten auf dem Athos. Es ist zunächst durch überdurchschnittliche Größe ausgezeichnet, sowohl in der Länge, mitbedingt durch eine außergewöhnlich große Lití (Endonarthex, s. Plan), wie auch in der Höhe. Die überhöhte Kuppel ist vermutlich dadurch mitverursacht, daß die Kirche in einem ziemlich engen Hof errichtet werden mußte, aber trotzdem genug Licht erhalten sollte. Die Ausmalung erfolgte unmittelbar nach dem Bauabschluß, der Überlieferung nach durch den berühmten kretischen Maler Tzorzis, der auch das Katholikón von Megísti Lávra ausgemalt hatte. Und obwohl die Fresken 1855 zum Teil übermalt wurden, bilden sie doch den größten Besitz des Klosters. Das Katholikón von Dochiaríou trägt den reichsten und vollständigsten Freskenschmuck von allen Athos-Kirchen. Eine allgemeine Orientierung kann die Idealdarstellung nach dem Malerhandbuch des Dionysios (vgl. S. 100) geben.

Als Einzelwerk wollen wir hier nur den großen und großartigen Stammbaum Christi auf der Südwand der Lití erwähnen. Er ist in fast keinem Bildband über den Athos ausgelassen. Der Stammbaum Christi, der die Herkunft des Messias aus dem Geschlecht Davids zeigt, hatte weniger historische, genealogische, als vor allem theologische Bedeutung, denn er veranschaulichte den Zusammenhang und die Kontinuität zwischen Altem und Neuem Testament.

Dann ist mit uneingeschränkter Bewunderung die reiche, prächtige Bilderwand von 1783 zu nennen, eine Holzschnitzarbeit der besten Zeit. Ein Meisterwerk der Holzschnitzkunst aus der gleichen Zeit ist auch der Baldachin, das Ziborium *(kivórion)*, das sich hinter der Bilderwand über dem Altar befindet.

Gegenüber der Kirche in der von der Tradition vorgeschriebenen Ost-West-Achse liegt die Trápeza aus der Zeit um 1700, auch sie reich und kunstvoll ausgemalt. Sie ist in T-Form, d. h. mit einem Querraum am Westende angelegt und mit 26 Meter Länge wie die Kirche größer als sonst auf dem Athos. Unter den Fresken, die leider durch Feuchtigkeit zum Teil stark gelitten haben, ist auch eine Folge mit Darstellungen aus der

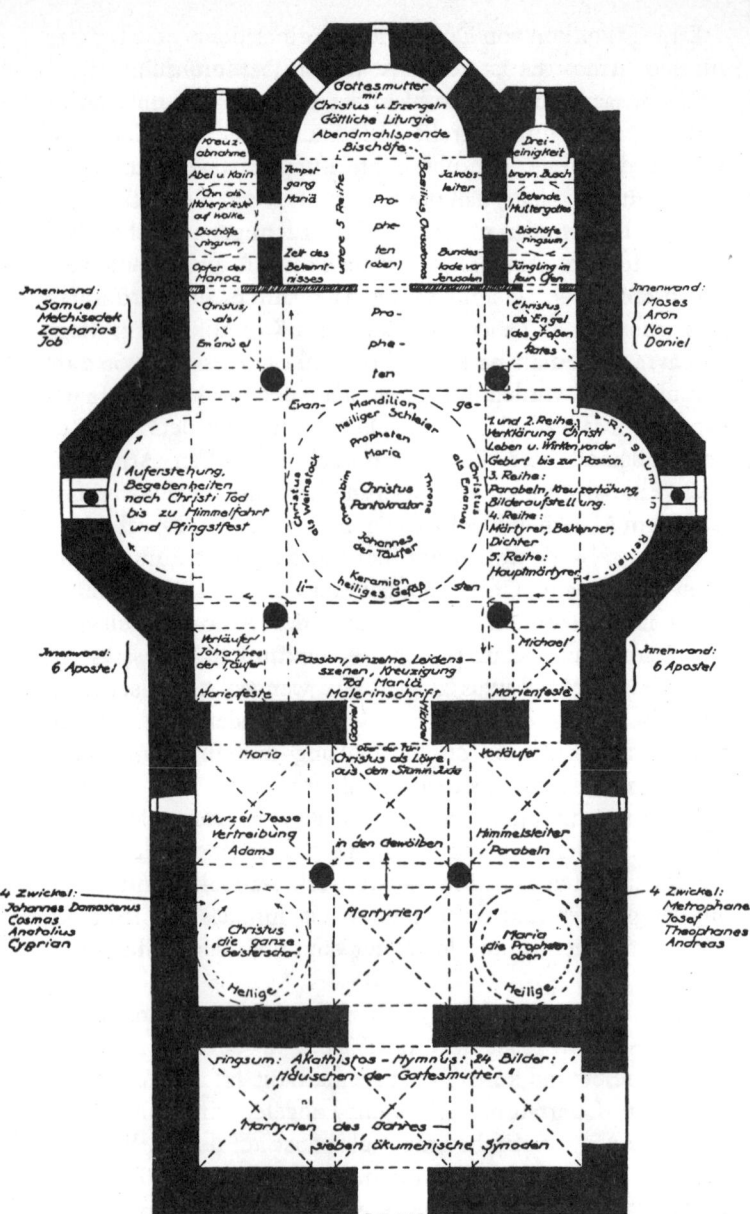

Schema einer Kirchenausmalung nach dem Malerhandbuch des Dionysios von Phourna

Offenbarung. Auch sie sind, wie in Megísti Lávra, unverkennbar von Holzschnitten Hans Holbeins d. J. inspiriert.

Das Kloster besitzt natürlich auch eine berühmte wundertätige Ikone mit dem verheißungsvollen Namen *Gorgoepíkoos*, die *Schnell-Erhörende*, ein Ehrentitel, der ihr aufgrund dankbarer Erinnerungen und Erzählungen von schneller Hilfe beigelegt wurde. Die Ikone hat ihren Ort neben dem Eingang zur Trápeza, wo sich auch eine eigene Kapelle für sie befindet.

Außer dieser berühmten Ikone besitzt auch Dochiaríou Splitter vom Kreuz Christi, Reliquien von fünfundvierzig Heiligen, wertvolle Stickereien und liturgische Geräte.

Die Bibliothek enthält außer 395 katalogisierten Handschriften, wovon 46 auf Pergament, auch noch mehrere Dutzend nicht-katalogisierter. Bei den Druckschriften tritt die uns schon bekannte Divergenz ein: Kadas gibt ihre Zahl mit 3000 an, Chrestou mit 5000.

An der Außenseite der Kirche sind wie auch am Brunnen mehrere Spolien aus der Antike eingemauert. Sie verweisen wohl auf eine einst in der Nähe gelegene antike Siedlung. Eines von ihnen zeigt Alexander d. Gr., aber es ist nicht antik, sondern byzantinisch. Es zeigt Alexander auf einem Schwebesitz, der von zwei Geiern in die Lüfte getragen wird. Eine typologisch völlig entsprechende Darstellung aus romanischer Zeit befindet sich im Freiburger Münster, und es wird auch sonst Beispiele davon geben. Hier ist Alexander nicht, wie auf einigen Fresken (Megísti Lávra, Ivíron), als Vorläufer Christi, sondern als abschreckendes Beispiel menschlicher Vermessenheit dargestellt. Er wollte schon als Mensch in den Himmel eindringen, wurde aber von den Geiern genarrt, die ihn zuerst hoch in die Lüfte entführten, um ihn dann abstürzen zu lassen, so daß er zerschellte.

Die Bilderwand

Der westliche Besucher begegnet in orthodoxen Kirchen einer liturgischen Einrichtung, die er aus seinen heimischen Kirchen nicht kennt, der Bilderwand. Das Griechische hat mehrere Bezeichnungen dafür. Die allgemeinste ist *eikonóstasis*, Ikonostase, plump übersetzt: *Ikonenständer*. Seltener gebraucht, aber auch vollkommen gängig ist *Ikonostásion* mit derselben Bedeutung. Und dann gibt es noch das mittelalterliche Wort *témplon*, vom lateinischen *templum* abgeleitet. Man kann die Bilderwand nur sehr bedingt mit unserem Lettner vergleichen, der den Chorraum, für Mönche und Priester, vom Kirchenschiff der Laien trennt. Denn erstens wird der Lettner im allgemeinen nur dort eingezogen, wo es Mönche gibt, während sich die Bilderwand in allen orthodoxen Kirchen findet. Zweitens bildet sie architektonisch eine viel schärfere Trennung als der Lettner, und drittens hat sie eine reiche liturgische Funktion.

Die Bilderwand trennt den Altarraum *(víma, béma)* vom Kirchenraum *(naós)*, und insofern ist die Bezeichnung *témplon* recht anschaulich. Denn *témplon/templum* kommt vom griechischen Verb *témno – schneiden* (vgl. *témenos* – Tempelbezirk) und bezeichnet einen ausgegrenzten, abgesonderten, hier der Gottheit geweihten Raum. Das Templon geht schon auf frühbyzantinische Zeit zurück und hat für Liturgie und Kirchengeschichte signifikante Bedeutung: Es bezeichnet den Übergang des Gottesdienstes zur Mysterienhandlung. Das Témplon trennt ein Allerheiligstes vom öffentlichen Kirchenraum.

Alte Témpla bestanden, wenn sie kostbar waren, aus Marmor. Ein solches ist, wie wir gehört haben, im Protáton und in

Vatopédi noch erhalten. Sie scheinen schon sehr früh mit Ikonen geschmückt gewesen zu sein, aber sparsam. Zur Bilderwand, zur Ikonostase, entwickelte sich das Témplon wahrscheinlich erst im 14. und 15. Jh. in Rußland. Und dort erfuhr es auch seine größte Entfaltung. Eine russische Ikonostase kann sich bis zu acht Registern auftürmen. Dagegen bleiben die griechischen immer gesammelt und übersichtlich. In Griechenland war die größte Zeit für die Bilderwände das 18. Jh., als man begonnen hatte, sie kunstvoll in Holz zu schnitzen. Von einfacher Handwerksleistung ging es weiter zu großer Kunst. Die Schnitzereien wurden immer anspruchsvoller. Man fügte Pflanzen-, dann Tiermotive ein, mit Tieren von symbolischer theologischer Bedeutung, schließlich ganze biblische oder symbolische Szenen. Die Schnitzereien wurden bemalt und immer reicher vergoldet und mit kostbaren Ikonen geschmückt. So entstand ein aufwendiger, prachtvoller Abschluß der Kirche, der den engen Raum des Allerheiligsten dahinter fast als ärmlich erscheinen läßt.

Die Bilderwand umschließt drei Türen. Die größte, die mittlere, die auf den Altar zuführt und durch die sich der Haupteingang der Priester in die Kirche vollzieht, heißt die Königstür. Ihre beiden Flügel sind gewöhnlich oben mit dem Engel und der Maria der Verkündigung geschmückt, darunter entweder mit den vier Evangelisten oder mit Heiligen. Die rechte Tür führt in das sog. Diakonikón, einen Nebenraum, in dem die liturgischen Geräte und Gewänder aufbewahrt und angelegt werden, die linke in die sog. Próthesis, wo die Elemente der Eucharistie, Brot und Wein, aufbewahrt und die Sakramentshandlungen vorbereitet werden. Nur Priestern ist es erlaubt, die Königstür zu durchschreiten und den Altarraum zu betreten. Männer dürfen durch die Nebentüren in die Beiräume eintreten, aber niemals in den Altarraum. Frauen ist der ganze Bereich hinter der Bilderwand unzugänglich.

Durch diese drei Türen vollzieht und gestaltet sich das liturgische Geschehen. – Hier ist vielleicht der Ort, kurz an die Rolle der Musik in der orthodoxen Liturgie zu erinnern. Die orthodoxe Kirche kennt keine Orgel, und auch sonst werden

Musikinstrumente nur sehr selten und immer nur zur Begleitung des Gesangs eingesetzt. Es gibt in der orthodoxen Liturgie keine freie, selbständige Instrumentalmusik wie im Westen in jedem Gottesdienst die Orgelmusik. Der Grund ist ein theologischer. Das Kérygma, die christliche Verkündigung, ist an das Wort gebunden. Die Musik für sich dagegen ist eine Sprache ohne Begriffe und daher für die Wortverkündigung untauglich. Sie kann immer nur zu deren Begleitung eingesetzt werden. Auf der anderen Seite ist für die Orthodoxie charakteristisch, daß auch eine kleine oder private liturgische Feier immer mit Gesang verbunden ist. Ohne Gesang ist keine Liturgie denkbar.

Nun zur Einteilung der Bilderwand. Rechts von der Königstür befindet sich die Ikone Christi. Weiter nach rechts folgt die Ikone Johannes des Täufers. Links von der Königstür ist die Marienikone, so daß hier wie in der Déisis Christus zwischen Maria und Johannes dem Täufer in der Mitte steht. Links von der Marienikone ist dann diejenige Ikone angebracht, die den Heiligen oder das Fest darstellt, dem die Kirche geweiht ist. Außerhalb des Athos kann sie auch einer weiblichen Heiligen geweiht sein, auf dem Athos aber, wie wir gehört haben, nur einem männlichen Heiligen. Wenn man also nicht weiß, welchem Heiligen oder welchem Fest eine Kirche geweiht ist, so kann man es an der Ikone links von der Marienikone ablesen.

Im oberen Register über den Türen ist gewöhnlich das Dodekáorton, die Folge der Ikonen der zwölf großen Kirchenfeste, angebracht. Diese zwölf Ikonen sind gewöhnlich nicht sehr groß, so daß nur jemand mit guten Augen die künstlerischen Feinheiten in solcher Höhe erkennen kann. Aber immer ist die Gesamtwirkung der Reihe sehr festlich. Abgeschlossen wird die Bilderwand durch ein großes Kreuz, das einen sich windenden Drachen durchbohrt, zum Zeichen des Sieges Christi über Sünde und Tod.

Aus dem 18. Jh., der großen Zeit der griechischen Bilderwände, – wobei man nicht vergessen darf, daß es Türkenzeit war –, haben sich viele Meisterwerke bis heute unversehrt erhalten. Ihre Kunst blühte vor allem in Gegenden, die das Privileg weitgehender Selbstverwaltung besaßen, auf dem Athos – wir haben bei der Beschreibung der Klöster auf deren besondere Ikonostasen hingewiesen –, auf dem Pélion und auf einigen Inseln. Leider haben sich die Griechen bis jetzt nicht entschließen können, diesen großartigen Schätzen ihrer Kunst- und Liturgiegeschichte ein Sammelwerk zu widmen. Mit Detailaufnahmen von Einzelmotiven und Wiedergabe der schönsten Ikonen würde es einen Prachtband erster Ordnung ergeben. Ja, das Material ist vielleicht so reich – wollte man es einigermaßen vollständig erfassen und wiedergeben, so würde es wohl ein Corpus erfordern.

Orthodoxes Mönchtum

*Die Kirche kann nicht ohne Bischöfe und
Priester bestehen, wie immer sie menschlich
beschaffen sein mögen, aber innerlich leben
und atmen vermag sie durch die Heiligen und
Propheten, durch die Märtyrer und Asketen.*

N. Berdjajev

Zwischen westlichem und östlichem Mönchtum gibt es
große, handgreifliche Unterschiede. Beide sind in der Geschichte für die Kirche ebenso bedeutende Korrektive wie Be-
reicherungen gewesen. Aber nur die abendländischen Mönche
können sich großer Kulturleistungen rühmen. Sie haben mit
ihren Rodungen und großen Klosteranlagen ganze Landschaf-
ten erschlossen. Sie üben mit ihren Schulen und Krankenhäu-
sern eine volkweite Liebestätigkeit, sie haben Wissenschaft
getrieben und mit einer umfangreichen Handschriftenproduk-
tion das geistige Leben ganzer Epochen bestimmt. Von alle-
dem ist bei den östlichen Mönchen nichts zu rühmen. Sie leh-
ren nicht, sie missionieren nicht, sie predigen nicht, sie
schreiben nicht einmal Bücher ab. Sie sind ausschließlich
dem Gebet, der Liturgie und der Askese hingegeben. Man hat
in dieser Diskrepanz zwischen Ost und West den Ausdruck
eines elementaren Unterschiedes gesehen, nämlich den von
östlicher Passivität und westlichem Aktivismus. Der Byzanti-
nismus formte ein Christentum, das in sich verharrt, in dem
es zwar große dogmatische Streitigkeiten, aber keine wirkliche Entwicklung gibt, keinen Wandel, keine Reformen,
während der Westen eine lebendige, niemals stillstehende
Fortentwicklung zeigt.

Mit dem Untergang von Byzanz verlagerte sich das Zentrum vom griechischen Raum in den slawischen. Aber die slawische Frömmigkeit ist auch keine dynamische, sondern eine
stark gefühlsbetonte, ebenfalls beharrende. Die byzantinische
Stagnation geht an Rußland über und findet in dem dortigen
Zarentum eine Macht von geradezu lastendem Despotismus.

Dieser teils historisch, teils mentalitätsbedingte Gegensatz von östlicher Lethargie und westlicher Dynamik war im vorigen Jahrhundert die Entdeckung Fallmerayers und ist heute zu einem Gemeinplatz geworden und uneingeschränkt aktuell. Wir alle verfolgen mit größter Sorge, wie der Koloß Rußland sich aus seiner durch jahrhundertelange Unterdrückung verursachten Stagnation herausarbeiten wird.

Wir können den Unterschied zwischen europäischem und orthodoxem Mönchtum noch an einer ganz einfachen, aber sehr charakteristischen Differenz ablesen. Das abendländische Mönchtum ist in Orden organisiert, das östliche Mönchtum kennt keine solche Organisationsform, es gibt keine orthodoxen Orden. Die griechischen Klöster sind nach den allgemeinen Regeln des großen Kirchenvaters Basilios von Cäsarea verfaßt. Darüber hinaus ist jedes Kloster eine selbständige Einheit, mit ihren eigenen Traditionen, die zum großen Teil nur mündlich überliefert sind. Westlicher Vielfalt und Dynamik steht östliche Einfachheit und beharrende Dauer gegenüber.

Die europäische Reaktion auf solchen Gegensatz ist zwangsläufig die, daß der eigenen Überlieferung die Palme vielfältigen Reichtums und aktiven Wirkens gereicht wird. Aber es ist, wie Pl. de Meester mit unverhohlenem Tadel ausgesprochen hat, eine schlechte Gewohnheit *(consuetudo vitiosa)*, die Verhältnisse des Ostens *(res orientales)* immer mit den gegenwärtigen Verhältnissen des Westens zu vergleichen *(cum rebus occidentalibus praesentis temporis aequantur).* Erstens handelt es sich um zwei ganz verschiedene Formen des Mönchtums, und zweitens liegt die Stärke keineswegs verläßlich auf der Seite der Orden. Sie sind zwar organisiert und institutionalisiert, aber in einer Welt angesiedelt, wo alles fließt und sich entwickelt und wo dann auch sie selbst der Entwicklung unterworfen sind. Nur eine kürzere oder längere Zeit können die Orden sich auf der Höhe ihrer Gründung halten. Dann beginnen sie zu verfallen. Nach diesem Verfall gibt es Reform und Neubeginn, und so setzt sich die Welle fort. Das orthodoxe Mönchtum ruht viel stärker und unangefochtener in sich, in seinem großen Gottvertrauen und in seiner unendlichen Geduld. Es sind Kräfte, die dem Westen als kindlich erscheinen mögen, die aber mit unangefochtener Beständigkeit tragen. Sie haben auch den Athos bis heute in seiner Eigenart bewahrt.

Und da liegt noch ein anderer Unterschied zugrunde. So viele Orden es auch im Westen gibt, das Eremitentum als älteste Mönchsform ist heute in keinem von ihnen wirksam. Die älteste Form des christlichen Mönchtums ist Einsiedlertum gewesen, nämlich das des hl. Antonius in der Wüste. Diese Form ist im Westen bis zur Bedeutungslosigkeit verklungen. Aber das orthodoxe Mönchtum ist dadurch charakterisiert, daß die Form des Eremitentums seine ganze Geschichte hindurch immer lebendig geblieben ist, ja daß sie bis heute als die heiligste und höchste Form des Mönchtums gilt, auch und gerade, wenn sie nun zahlenmäßig immer stärker absinkt. Aber auch in den Kinóvien bleibt das Eremitentum bewußt und lebendig, und zwar durch den Hesychasmus. Seine Gebets- und Meditationsformen sind eremitische Formen. Und wenn sie in den Kinóvien geübt werden, so zeigt das nur, daß man geistig auch im Kinóvion eremitisch leben kann. Der Geist spricht im Hesychasten das Jesusgebet unaufhörlich fort, gleichviel, wo der Beter sich befindet.

Zwei Einzelheiten der Mönchsweihe können den Unterschied weiter verdeutlichen. Bei der abendländischen Mönchsweihe ist das Gelübde das maßgebende Element, also der persönliche, individuelle Vollzug des Versprechens. Die persönliche Entscheidung, das persönliche Bekenntnis ist das Primäre. Dies alles ist für die orthodoxe Mönchsweihe natürlich auch konstitutiv, aber es ist sekundär. Die Weihe ist vor allem ein sakraler Akt, durch den der Novize in eine höhere göttliche Ordnung aufgenommen wird. Die Weihe ist viel stärker ein sakraler als ein Bekenntnis- und Entscheidungsvorgang. Dies sind gewiß nur Nuancen, aber sie sind sehr bezeichnend.

Das andere ist, daß dem Mönch bei der Weihe nicht wie dem Priester die Heilige Schrift übers Haupt gehalten wird, zum ausdrücklichen Zeichen dafür, daß es nicht Aufgabe des

Mönchs ist, zu verkündigen, das Wort an die Welt auszurichten. Das orthodoxe Mönchtum lehrt und verkündigt nicht. Es gibt bei ihm keine Franziskaner, die missionieren, und keine Dominikaner, die predigen. Die Aufgabe des orthodoxen Mönches ist, sich zu heiligen und durch seine persönliche Heiligung gleichzeitig die Welt zu heiligen.

Werfen wir noch einen Blick auf die Geschichte. Das Konzil von Nikäa 325 hatte es abgelehnt, den Geistlichen die Bedingung der Ehelosigkeit aufzuerlegen. Die Geistlichen aller christlichen Kirchen und Konfessionen sind verheiratet und stehen dadurch den Gläubigen in ihren Gemeinden psychologisch nahe. Nur die römisch-katholische Kirche hat ihren Priestern den Zölibat auferlegt. Bei den anderen Denominationen sind nur die Ränge vom Bischof aufwärts zur Ehelosigkeit verpflichtet. Im Westen sind also Priester und Mönche in der schweren Bedingung der Ehelosigkeit gleichrangig. Im Osten dagegen nahmen die Mönche gegenüber den verheirateten Priestern einen viel höheren Grad der Heiligkeit ein und waren entsprechend beim Volk viel höher verehrt und angesehen. Es lag daher nahe, ja oft stand personell gar keine andere Wahl offen, als die Bischöfe, die unverheiratet zu sein hatten, aus dem Mönchsstand zu wählen. Schon im 4., besonders aber seit dem 6. Jh. gelangten viele Mönche auf Bischofssitze, einzelne auch auf den Patriarchenthron. Es gibt berühmte Namen und Fälle, wo der Mönch die Wahl ablehnte, weil er sich dieser Verweltlichung entziehen wollte. Andere sahen sie als eine besonders harte Prüfung und Askese an, die ihnen auferlegt wurde und der sie sich nur im Gehorsam unterwarfen. Eine allgemeine Folge war, daß die Mönche ihre Bischofsämter gewöhnlich mit großer Bescheidenheit führten. Der Prunk, die Autorität und Ansprüche, mit denen immer stärker im Lauf der Zeit die Bischöfe des Westens auftraten, hat sich in der byzantinischen Kirche in diesem Umfang niemals ausgebildet.

Hesychasmus und Philokalie

> Einige Heilige haben die Wachsamkeit *Wache des Geistes*, andere *Wache des Herzens*, andere *Nüchternheit*, andere *Ruhe des Geistes* oder anders(wie) genannt. Alle diese Ausdrücke bedeuten im Grunde ein und dasselbe.
>
> *Nikephoros Hagiorites*

Der Besucher des Athos hat dort Gelegenheit, an den verschiedenen Formen der Liturgie teilzunehmen. Er kann oder muß sogar die Fastenbräuche kennenlernen. Vielleicht erfährt er auch etwas von der Lektüre der Mönche. Aber was ihm verschlossen bleibt, weil es ganz im stillen stattfindet, das ist die Gebetspraxis der Mönche. Von ihr soll im folgenden die Rede sein, nicht aufgrund persönlicher Gespräche mit den Mönchen oder aufgrund von Erfahrungsberichten theologischer Reisender, sondern anhand der Literatur der sog. Mönchsväter, einer Literatur, die sich über ein volles Jahrtausend erstreckt, von Euagrios Pontikos († 399) bis zu Kallistus II. Ende des 14. Jhs. Den meisten Lesern werden die Namen dieser Mönchsväter wenig bedeuten, und wir haben nicht den Raum, sie ihnen hier näherzubringen. Wir fügen sie trotzdem den Zitaten bei, damit diese kontrollierbar und nicht anonym bleiben.

Ein Gebet kann ein Bittgebet oder ein Lob- oder Dankgebet sein. Von solchen Gebeten ist hier nicht die Rede, sondern vielmehr von einem unaufhörlichen Dauergebet, nämlich dem beständigen Gedenken an Gott. Dieses beständige Gedenken an Gott bedeutet natürlich zugleich die beständige Gemeinschaft mit Gott. Für sie war der Mensch ursprünglich geschaffen, aber sein Fall hat ihn über all dies in Vergessenheit versenkt.

Über den Geboten steht das Gebot, das alle umfaßt: „Gedenke allezeit Gottes, deines Herrn!" (Gregorios Sinaites).

Gedenket Gottes, damit er unaufhörlich euer gedenkt. Wenn er euer gedenkt, wird er euch retten, und ihr werdet alle seine Wohltaten empfangen (Isaak Syrus).

Was gibt es Köstlicheres, als mit Gott Zwiesprache zu halten und in seiner Gemeinschaft sich selbst zu vergessen! (Euagrios Pontikos).

Dieses unaufhörliche Gedenken an Gott ist aber nichts, was dem gefallenen Menschen natürlich und mühelos wäre. Vielmehr bedarf es dazu einer großen Anstrengung, denn der menschliche Geist hat die innewohnende Tendenz, ständig abzuirren:

Der Geist zeigt eine gefährliche Neigung, sich zur Zeit des Gebets vom Denken heimsuchen zu lassen (Euagrios Pontikos).

Der Geist ist von Natur aus unbeständig (Johannes Klimakos).

Elias Ekdikos hat ein sprechendes, drastisches Gleichnis für das Abirren der Gedanken gebraucht: Wer mit noch ungereinigter Seele betet, der ist von seinen Gedanken, die ihm keinen Augenblick Ruhe lassen, wie von quakenden Fröschen umringt.

Daher ergeht von allen Mönchsvätern die stets erneute Ermahnung, das Denken einzustellen. Sie fordern, wenn man es pointieren wollte, sozusagen zur „Gedankenlosigkeit" auf. Aber das Denken, das hier abgestellt werden soll, ist nicht das vernünftige, überlegte Nachdenken, von dem G. B. Shaw gesagt hat: *Die meisten Menschen denken nur ein- bis zweimal im Jahr*[5], sondern das Denken überhaupt, die unkontrollierte Flut und Folge der Gedanken. Die Forderung erinnert an die Praktiken indischer Mystiker, den unaufhörlichen Bewußtseinsstrom zu sistieren, nur daß sie hier in ganz anderer Absicht steht.

---

[5] *Die meisten Menschen denken nur ein- bis zweimal im Jahr, und ich, G. B. S., bin deswegen so berühmt, weil ich ein- bis zweimal die Woche denke.*

Es spielt dabei keine Rolle, ob diese unaufhörlich herzudrängenden Gedanken gut oder schlecht, vernünftig oder unvernünftig sind. Es ist ihre Zudringlichkeit, die Zudringlichkeit von Gedanken und Vorstellungen, die unterbunden werden soll.

Bemühe dich, deinen Verstand während des Gebets taub und stumm zu halten. Dann wirst du beten können (Euagrios Pontikos).

Das Gebet ist die Unterdrückung jeglichen Denkens (Euagrios Pontikos).

Es kommt darauf an, dem Herzen zu verbieten, irgendeinen Gedanken, und mag er noch so gefällig sein, einzulassen (Hesychios).

Achtet unermüdlich darauf, daß in eurem Herzen keinerlei Gedanke Platz findet, weder ein unvernünftiger/verbotener noch ein vernünftiger/erlaubter (Hesychios).

Für die Abschaltung aller Gedanken und Vorstellungen haben die Mönchsväter nun im Lauf der Jahrhunderte verschiedene Methoden entwickelt und den dadurch erreichten Konzentrationszuständen sehr verschiedene Namen gegeben.

Die Autoren des 7. und 8. Jh. – Johannes Klimakos, Hesychios und Philotheos – haben vor allem die Konzentration auf den Gedanken des Todes empfohlen.

Johannes Klimakos (ca. 580–650) gibt die Anweisung: *Es soll sich stets der Gedanke an den Tod mit euch auf eurem (Nacht)lager ausstrecken und mit euch wieder erwachen. Ja,* er empfiehlt sogar: *Betet oft in den Grabkammern, und prägt euch deren Bilder unauslöschlich ein.*

Hesychios von Batos (7. oder 8. Jh.) formuliert: *So weit wie möglich sollen wir unaufhörlich an den Tod denken. Dieses Gedenken bewirkt den Ausschluß jeder eitlen Sorge, die Wachsamkeit des Geistes und das beharrliche Gebet, das Freiwerden vom Leibe, das Hassen der Sünde ... Darum soll uns nach Möglichkeit diese Übung ebenso zur Gewohnheit werden wie das Atmen.*

Bei Philotheos vom Sinai (Lebenszeit unbekannt) schließlich heißt es: *Die erste Tür, die zur Wachsamkeit des Geistes führt, ist das kluge Schweigen der Lippen. Die zweite Tür ist eine genau durchdachte Enthaltsamkeit von Essen und Trinken. Die dritte Tür ist ein unaufhörliches Gedenken und eine fortdauernde Betrachtung des Todes, was gleichzeitig Seele und Leib reinigt ... Wie habe ich mich doch gesehnt, das Gedenken an den Tod als Gefährten zu behalten, an seiner Seite zu ruhen, mich mit ihm zu unterhalten, ihn über mein Los nach dem Verlassen des Leibes zu befragen ... Aber das verfluchte Vergessen, dieser finstere Schößling des Bösen, hat mich oft an der Ausführung gehindert.*

Aber so heilsam und biblisch (Ps 90,12) der Gedanke an den Tod auch ist, so stellt er doch nicht den Inhalt des ersehnten Gebetes dar. Er verdrängt zwar die weltlichen Gedanken und Vorstellungen zugunsten eines religiösen, aber er ist doch nur ein Hilfsgedanke, nicht das intendierte unmittelbare Gedenken an Gott.

So scheidet der Todesgedanke in der Folgezeit als Konzentrationshilfe bei den Vätern aus. Statt dessen wird ein mehr formaler Begriff diskutiert (und praktiziert), der in den obigen Zitaten schon vorgekommen ist, der Begriff der *Wachsamkeit (agrypnía)* oder etwas prosaischer der Nüchternheit *(nēpsis)*, zwei Begriffe, die einander ergänzen oder auch einfach ersetzen können. Es sind praktisch Synonyme. Um den Seelenraum für das immerwährende Gedenken an Gott freizuhalten, muß die Seele auf Wache stehen und alle störenden Gedanken und Vorstellungen abwehren, so zudringlich diese auch sind. *Die Nüchternheit ist ein unbewegliches und ausdauerndes Postenstehen des Geistes vor dem Tor des Herzens* (Hesychios). *Lasse keinen Teil deines Leibes und deiner Seele unbewacht* (Gregorios Palamas).

Die beste Weise aber, diese Wache durchzuführen, alle Gedanken und Vorstellungen abzuwehren, ist das Gebet, und zwar die ständige Wiederholung eines kurzen, einfachen Gebets.

Aus ganz früher Zeit, noch aus dem 4. Jh., ist folgendes Apophthegma überliefert: *Man fragte Vater Makarios von Sketis: Wie soll man beten? – Der Ehrwürdige erwiderte: Es* ist nicht nötig, sich in Worten zu verlieren. Es genügt, die Hände auszubreiten und zu sagen: „Herr, wie es dir gefällt und wie du weißt, habe Erbarmen." Seid ihr in Bedrängnis, so sagt: „Herr, hilf!" Er weiß, was euch not tut, und wird sich euer erbarmen.

Solche kurzen Gebete nennt man Monologien. Das kurze Bittgebet kann aber doch auch etwas länger sein, wenn man es nämlich nach Ps 70,2 formuliert: Mein Gott, komm mir zu Hilfe! Herr, eile, mir zu helfen!

Eine charakteristische Anweisung findet sich wieder bei Johannes Klimakos: Euer Gebet soll sich aller Vielfalt enthalten. Ein einziges Wort hat dem Zöllner und dem Verlorenen Sohn genügt, die Verzeihung Gottes zu erlangen. Zugleich verweist dieses Zitat auf eine Schlüsselstelle, nämlich das Stoßgebet des Zöllners im Gleichnis vom Pharisäer und Zöllner Lk 18,9–14: Gott, sei mir Sünder gnädig! Dieses Gebet wurde auf Christus übertragen und in der Form: Herr Jesus Christus, Gottes Sohn, sei mir Sünder gnädig! ständig wiederholt, um dadurch alle weltlichen Gedanken abzuwehren. Es ist das sog. Jesus-Gebet, das Jahrhunderte hindurch bis heute weitgehend die Gebetspraxis griechischer und russischer orthodoxer Mönche und Büßer bestimmt.

Die Übung, ununterbrochen zu beten, war alt in der Christenheit. Im 5. Jh. wurde sie von einer Bewegung des östlichen Mönchtums in Syrien und Kleinasien aufgebracht, die davon die Bezeichnung Euchiten – Beter erhielten. Wenn es erlaubt wäre, könnte man sagen Akkordbeter. Sie nahmen die Anweisung Lk 18,1 und 1 Thess 5,17 wörtlich. Am Anfang von Lk 18 heißt es: Jesus sagte ihnen durch ein Gleichnis, daß sie allezeit beten und darin nicht nachlassen sollten. Und 1 Thess 5,17 ermahnt Paulus die Thessalonicher: Betet ohne Unterlaß! Im Zusammenhang heißt es dort Vers 16–18: Freuet euch allezeit, betet ohne Unterlaß, seid dankbar in allen Dingen! Weder Jesus noch Paulus haben sagen wollen, daß die Gläubigen in der ganzen Ausdehnung ihrer Lebenszeit ununterbrochen beten sollen. Wenn Paulus sie zu Freude, Gebet und Dank ermahnt, so sollen diese ihr Leben und gewiß auch jeden Tag bestimmen, aber unmöglich jede Minute. So jedoch wurde es aufgefaßt, und so gilt es auch für das Jesusgebet bis heute, wie genauer, das werden wir noch sehen.

Das Jesusgebet ist also das Instrument, mit dem Wachsamkeit und Nüchternheit ihren Dienst versehen. *Die Nüchternheit und das Gebet bilden eine Einheit wie die Seele und der Leib* (Symeon). *Vereinige mit der Nüchternheit das Gebet, und die Nüchternheit wird das Gebet reinigen und das Gebet die Nüchternheit* (Philotheos).

Nun sind aber Nüchternheit und Wachsamkeit allererst vorbereitende Stadien, nicht bereits das Ziel. Sie sind nur der Zaun um das zu Erreichende, nicht bereits dieses selbst. Das, was die Wachsamkeit herstellen und bewahren soll, die Hexis, die Haltung und Verfassung, in der das unaufhörliche Gedenken an Gott stattfinden kann, ist die *(Seelen)ruhe – Hesychía,* und von diesem Programmwort her heißen seine Praktikanten Hesychasten und die ganze Richtung und Theorie Hesychasmus.

Man findet statt des positiven Begriffs der Stille und Ruhe bei den Mönchsvätern gelegentlich auch die negativen Begriffe Leere und Unwissenheit, dies letztere im Sinne der von uns oben genannten „Gedankenlosigkeit" – Gedanken-Freiheit, d.h. Unbelästigtsein von den das normale Bewußtsein bedrängenden Gedanken und Vorstellungen.

Eine andere wichtige Bezeichnung, die bei vielen Mönchsvätern wiederkehrt, ist *apátheia – Leidenschaftslosigkeit,* ein zunächst negativer Begriff, der auch Unempfindlichkeit und Gleichgültigkeit bedeuten kann. In der hellenistischen Ethik steht er der *taraxía* nahe, also der Gelassenheit, Unerschütterlichkeit. Aber im Hesychasmus ist seine Bedeutung viel spezieller und viel positiver. Sie steht dort im Zusammenhang der Wechselwirkung von Gebet und Ruhe/Wachsamkeit.

Die leidenschaftliche Veranlagung der Seele wird durch Fasten und Beten vernichtet, die leidenschaftliche Nachgiebigkeit durch Wachen und Schweigen, die leidenschaftliche Neigung durch Ruhe und Wachsamkeit. Die Apatheia entsteht aus dem Gedenken an Gott (Elias Ekdikos).

Ruhe, Leere oder Apatheia – der Raum des Jesusgebets. Nun wird dieses Gebet aber gar nicht phonetisch ausgesprochen, stimmlich verlautbart, sondern nur im Stillen, im Innern vollbracht. Ja es kommt dahin, daß es gar nicht mehr der Mönch ist, der das Gebet spricht, sondern der Heilige Geist spricht es in ihm. Und so geschieht es, daß das Gebet ganz unabhängig davon wird, was der Beter jeweils tut.

Wenn der Heilige Geist in einem Menschen Wohnung aufschlägt, kann dieser nicht mehr aufhören zu beten, denn der Heilige Geist hört nicht auf, in ihm zu beten. Ob er schläft oder wacht, das Gebet trennt sich nicht von seiner Seele. Während er ißt, trinkt, auf seinem Lager ruht, arbeitet oder in Schlaf versunken ist, entströmt seiner Seele aus innerstem Antrieb der Wohlgeruch des Gebets (Isaak Syrus).

Das fleckenlose Gebet ist jenes, das Tag und Nacht in der Seele unaufhörlich arbeitet (Niketas Stethatos).

Aber nun kommt diesem geistigen Gebet noch eine äußere Praxis zu Hilfe, das richtige Atmen. Die Anfänge dieses Gedankens sind rein metaphorisch: Der Gedanke an den Tod, das ständige Gebet zu Jesus oder das ständige Gedenken an Gott sollen dem Beter so selbstverständlich werden wie das Atmen. Ein alter, später öfter wiederkehrender Spruch des Euagrios Pontikos lautet: *Fügt jedem eurer Atemzüge die Nüchternheit des Geistes und den Namen Jesu, die Betrachtung des Todes und die Demut hinzu.*

Aber später macht man die Entdeckung, daß man mit der Rhythmisierung von Atem und Gebet die Hesychia und ihre Geist- und Gotterfülltheit sichern und intensivieren kann. Der erste, bei dem diese Praxis ausdrücklich bezeugt wird, ist Nikephoros Hagiorites aus der zweiten Hälfte des 13. Jh. Aber die Mönchsväter sprechen niemals ausführlich davon, und schon gar nicht technisch, sondern immer nur in Andeutungen. Wir erfahren vor allem, daß man seinen Atem verhalten muß.

Setze dich in eine stille Zelle, abseits in eine Ecke, und versuche das zu tun, was ich dir sage: Schließe die Türe, erhebe deinen Geist über alles Eitle und Vergängliche. Lehne deinen

Bart an deine Brust, richte das leibliche Auge gleichzeitig mit deinem Geist auf die Mitte deines Bauches, auf den Nabel, komprimiere die durch die Luft eingezogene Atmung, so daß das Atmen schwer wird, und durchforsche im Geist deine Eingeweide auf der Suche nach dem Sitz des Herzens, jener Stätte, die alle Seelenkräfte gerne aufsuchen. Anfangs wirst du Finsternis und hartnäckigem Widerstand begegnen. Wenn du aber beharrlich fortfährst, wenn du diese Übung Tag und Nacht durchführst, wirst du, o Wunder, ein grenzenloses Glück finden (Ps.-Symeon).

Diese Stelle ist ziemlich konkret, die meisten sind ganz allgemein: *Halte, so gut es geht, deinen Atem an, schließe deinen Geist in deinem Herzen ein und übe ohne Halt und Rast die Anrufung des Herrn Jesus* (Gregorios Sinaites).

Diese ganze Thematik hat in neuerer Zeit vor allem deshalb auch größere allgemeine Beachtung gefunden, weil sie an die Yogapraxis erinnerte, eine Parallele, die wir hier jedoch nur erwähnen wollen. Daß Atemtechnik auf Konzentrationsvorgänge unmittelbaren Einfluß hat, ist heute eine allgemein anerkannte Erfahrungstatsache. Im Unterschied zur indischen Atem"technik" bleibt den christlichen Mönchsvätern jedoch immer gegenwärtig, daß der „Geistbesitz" jederzeit ein Geschenk Gottes ist und nicht durch irgendein Verfahren erzwungen werden kann. Es ist die Rede von denen, die *des unaufhörlichen Gebets für würdig befunden werden* (Isaak Syrus). Ja, derselbe Isaak äußert, daß das vom Heiligen Geist gewirkte geistige Gebet vielleicht einem Mönch unter zehntausend zuteil wird. Und ebenso zweifelt Hesychios von Batos, ob in seiner ganzen Generation einem einzigen Mönch diese Gabe zuteil geworden sei.

Der berühmte Hesychasmusstreit wurde dadurch ausgelöst, daß von dieser heimlichen Atemtechnik und Nabelschau auch Gerüchte nach außen gedrungen waren. Man hatte sie, wie es in solchen Fällen öfter eintritt, gehörig aufgebläht – *fama crescit eundo* – und die Hesychasten zum Gespött gemacht. Als ihr gefährlichster und umtriebigster Gegner trat der aus Kalabrien stammende Grieche Barlaam auf. Er war um 1330 als Lehrer der Philosophie nach Konstantinopel gekommen, wo er sich durch Vorträge und Schriften bald so großen Ruf erwarb, daß er einen Lehrstuhl an der kaiserlichen Universität erhielt. Er nun brachte das Schlagwort von der Omphaloskopie, der Nabelschau, auf und verspottete die Hesychasten als Omphalopsychen, als Leute, die ihre Seele im Nabel bergen. Das war eine ziemlich billige Diffamierung. Mit Recht konnten die Hesychasten sie einfach als Verleumdung abtun. Es war ja doch in Wirklichkeit so, daß die Anweisung, den Blick auf den Nabel zu richten, nichts weiter als eine behelfsmäßige Anleitung war, eine gebeugte, in sich geschlossene Sitzhaltung einzunehmen. Von Nabelschau konnte schon deswegen nicht die Rede sein, weil die ganze Übung ja mit geschlossenen Augen erfolgte. Ein großes Mißverständnis war auch, die Atmung und „Nabelschau" als Techniken anzusehen, die automatisch zum Erfolg führten. Davon konnte, wie wir gesehen haben, gar keine Rede sein.

Aber Atemtechnik und Nabelschau waren überhaupt nur äußere Angriffspunkte. Das, worum es eigentlich ging, war etwas viel Gravierenderes. Die Hesychasten behaupteten, daß den Begnadeten unter ihnen mit der Gottesgemeinschaft die Schau des göttlichen Lichts geschenkt werde. Das bestritt Barlaam mit dem Argument, daß zwischen Gott und Mensch ein unendlicher Unterschied bestehe, daß der endliche Mensch außerstande sei, die Unendlichkeit Gottes zu fassen. Das göttliche Licht mit leiblichen Augen zu sehen sei eine Phantasterei. Es lag seiner Argumentation der platonische und neuplatonische Dualismus von Leib und Seele zugrunde. Der Leib ist das Grab der Seele und außerstande, das Göttliche in sich aufzunehmen. Allgemeiner können wir sagen, Barlaam identifizierte als Platoniker das Übernatürliche mit dem Immateriellen.

Die Hesychasten beriefen sich dagegen auf das Zeugnis des Neuen Testaments, daß bei der Verklärung Christi drei Aposteln gewährt worden sei, das himmlische Licht mit leiblichen Augen zu sehen. Welchen Ausgang dieser Streit genommen hätte, wäre ganz ungewiß gewesen ohne das Eingreifen von Gregorios Palamás (1296–1359), durch den dem Hesychasmus ein glänzender Verteidiger erwuchs.

Palamás war 1296 in Kleinasien geboren. Er stammte aus adeliger Familie und wurde am Hof Kaiser Andronikos' II. (1282–1328) erzogen. Er absolvierte die obligaten Studien, las eifrig den Aristoteles, aber Platon gar nicht, der wegen seiner dualistischen Anthropologie und seiner Lehre vom Zwischenreich der Ideen kirchlich geächtet war. Durch Bekanntschaft mit dem Mönchsvater Theoleptos von Philadelphia, der ihn in den Hesychasmus einführte, entschloß er sich mit zwanzig Jahren überraschend, Mönch zu werden. Da sein Vater schon früh gestorben und er Chef der Familie war, so überredete er, um die Familienprobleme zu lösen, seine Mutter, seine Geschwister und das Gesinde, ebenfalls ins Kloster einzutreten, eine Gesamtlösung, die damals durchaus keine Seltenheit war. Seine Mutter, seine beiden Schwestern und ein Teil des Gesindes traten in Klöster von Konstantinopel ein. Gregorios selbst und seine beiden Brüder nahmen die Kutte auf dem Athos, wo sie ins Kloster Megísti Lávra eintraten. Nach einem Noviziat von drei Jahren zog er sich unter Anleitung seines geistlichen Vaters in die Einsiedelei von Glossia zurück. Dort verbrachte er jeweils fünf Tage der Woche als Eremit mit der Übung des Jesusgebets und Samstag und Sonntag im Kloster zur Teilnahme an der Liturgie. Auf diese Weise versuchte er, den unter den Mönchen eingetretenen Gegensatz zwischen Hesychasmus und Kinóvion, zwischen dem unausgesetzten Jesusgebet und den temporären liturgischen Gebeten in der Kirche, dem sog. Psalmodieren, das von einigen Mönchsvätern als äußerliche, mindere Gebetsform herabgestuft worden war, auszugleichen, eine Praxis, mit der er vorbildlich wurde.

Wiederholte Pirateneinfälle vertrieben Palamás schließlich vom Athos. Mit einer kleinen Schar von Mitmönchen begab er sich auf den Sinai.

1326, mit dreißig Jahren, wurde er in Thessaloniki zum Priester geweiht und gründete danach in der Nähe von Verria

(Beröa) eine Einsiedelei, in der er die Teilung der Woche in fünf Tage Einsiedler- und zwei Tage Klosterleben fortsetzte. Sein Aufenthalt dort erfuhr eine kurze Unterbrechung, als seine Mutter starb und er nach Konstantinopel reiste, um seine beiden Schwestern aus dem hauptstädtischen Kloster in seine Nähe in ein Kloster von Verria zu holen. – Als sich in Nordmakedonien die Serbeneinfälle mehrten, verließ Palamás nach fünf Jahren Verria und kehrte auf den Athos zurück. Um 1331 bezog er die eine Stunde oberhalb von Megísti Lávra gelegene Einsiedelei Aj. Savas. Vier Jahre später, 1335/36, wurde er zum Abt des Klosters Esphigménou berufen. Aber seine Strenge brachte ihn in Konflikt mit den Mönchen, und er kehrte in seine Einsiedelei zurück.

Dann traten die Auseinandersetzungen mit Barlaam ein, in deren Verlauf Palamás nicht nur zum erfolgreichsten, sondern vor allem auch zum theologisch bedeutendsten Verteidiger des Hesychasmus wurde, der auf den Synoden von 1341 und 1351 seine kirchliche Anerkennung durchsetzen konnte. Inzwischen war Palamás im Mai 1347 zum Metropoliten von Thessaloniki ernannt worden, ein Amt, das er zwölf Jahre mit steigender Anerkennung und Verehrung versah. Er starb im November 1359 und wurde schon neun Jahre nach seinem Tod heiliggesprochen, nicht nur wegen seines heiligmäßigen Lebens, sondern auch wegen der großen Bedeutung seiner Theologie für die Orthodoxie.

Gegen den platonischen Dualismus, von dem wir gesprochen haben, brachte Palamás die neutestamentliche Anthropologie von der Einheit des Menschen schlagend zur Geltung, denn er besaß das große Geschick, seine Theologie mit so klaren und einleuchtenden Argumenten vorzutragen, daß sie zum Teil geradezu frappant sind.

Gegen die Anthropologie des Barlaam berief er sich z. B., für jeden Christen unwidersprechlich, ganz einfach auf das Jesuswort Lk 17,21: *Das Reich Gottes ist inwendig in euch.* Wenn das Reich Gottes, dessen wirklicher Eintritt erst bevorsteht, schon jetzt als Angeld in uns ist, so kann keine Rede davon sein, daß der endliche Mensch das Göttliche nicht umfassen könne. Oder er beruft sich, mit ganz der gleichen Argumentation, auf 2 Kor 13,5, wo Paulus den Korinthern sagt, daß *Jesus Christus in ihnen ist.*

Etwas schwieriger ist seine Argumentation mit der Inkarnation Christi. In Christus ist Gott als Mensch gekommen, nicht als Seele, sondern als kompositer Mensch, und das bedeutet unmittelbar, da Menschwerdung Christi und Erlösung des Menschen eines sind, daß auch der ganze Mensch erlöst werde.

Oder er argumentiert mit der geistlichen Freude. Wenn die geistliche Freude den Menschen ergreift, so kann man nicht sagen, daß der Leib davon ausgeschlossen sei oder gar die Freude herabziehe, nein, diese hohe Freude ergreift den ganzen Menschen.

Oder er sagt: Wenn wir im Gehorsam die Gebote Gottes erfüllen, so ist es nicht so, als ob der Leib dabei abseits stünde, sondern die Befolgung geschieht durch den ganzen Menschen.

Aber wenn so der Mensch durchaus imstande ist, das Göttliche in sich aufzunehmen, so kann und will doch auch Palamás nicht behaupten, daß der endliche Mensch die unendliche Gottheit in sich aufnehmen könne. Das aber war der Einwand Barlaams gegen die Erfahrung des unerschaffenen Lichts.

Hier führte Palamás eine Unterscheidung ein, die dem Hesychasmus auf den Synoden von 1341 und 1351 zum Siege verhalf. Er unterscheidet zwischen der verborgenen Hypóstasis Gottes, seinem unerkennbaren Wesen und Eigensein, und seinen Energien, in denen er sich der Welt mitteilt. Solche Energien Gottes sind die Gnade, die Liebe, die Herrlichkeit, die Vorsehung und auch das Licht seiner Herrlichkeit. An diesen Energien Gottes aber haben auch die Menschen teil. Und für dieses Licht, das die Hesychasten mit dem Taborlicht der Verklärung identifiziert hatten, macht er auch wieder eine charakteristische Unterscheidung. Die Apostel, die das Licht auf dem Berg Tabor sehen durften, sahen es in der Tat mit ihren leiblichen Augen, denn Christus war noch nicht von den Toten auferstanden, und sie waren der Eucharistie, des Abendmahlsakraments, noch nicht teilhaftig geworden. Aber nach der Auferstehung wird von denen, die das Sakrament des Herrn in sich tragen und dadurch mit ihm leiblich vereinigt sind, das unerschaffene Licht nicht mehr mit leiblichen Augen, sondern *mit den Augen des Herzens* geschaut (Eph 1,18). Das Herz, das Zentrum des Menschen, ist der Sitz des Geistes, der Raum des (Herzens)gebets, der Empfänger des Lichts. Und hier wagt Palamás zur Verdeutlichung ein klärendes Paradox. Er sagt, man könne die Vision des göttlichen Lichts auch die absolute Finsternis nennen. Wenn man sie nämlich mit leiblichen Augen betrachtet, so erscheint da gar nichts.

Über das Verhältnis von Hypóstasis und Energien Gottes hat Palamás einige spekulative Aussagen gewagt, die ihm als Philosophen wie als Theologen gleiche Ehre machen. Wenn wir diese Frage bei dem Wiener Byzantinologen Herbert Hunger aufschlagen, so liest sich das so: „Der in seiner Wesenheit unteilbare Gott teilt sich also nach Palamás unendlich oft und vervielfältigt sich in seine Energien" (*Reich der Mitte* [1965] S. 296). Das ist das direkte Gegenteil von dem, was Palamás sagt. Er lehrt nämlich, daß Gott überall ganz gegenwärtig sei, sowohl in seiner Wesenheit wie in jeder seiner Energien. Sein Argument glänzt wieder durch große Einfachheit. Gott, sagt er, übersteigt die Kategorien des Ganzen und der Teile, und während er unerkennbar in seinem Wesen ruht, offenbart er sich ganz in jeder seiner Energien. – Zugleich war damit Barlaam noch einmal abgewehrt, der versucht hatte, ihm Polytheismus vorzuwerfen.

Auf der Synode von 1351 verhalf Kaiser Johannes V. Kantakouzenós Palamás und dem Hesychasmus zur offiziellen staatlichen und kirchlichen Anerkennung. Barlaam und seine Anhänger verfielen dem Anathema.

Philokalie

Philokalía bedeutet die *Liebe zur (geistigen) Schönheit*. Aber hier ist keine Tugend damit gemeint, sondern ein Schriftwerk. 1792 erschien in Venedig eine griechische Anthologie mit Schriften all der Mönchsväter vom 4. bis 14. Jh., aus denen wir oben zitiert haben. Der volle Titel lautete *Liebe zur Schönheit der heiligen Nüchternen*. Hier war also die Nüchternheit und Wachsamkeit der Hesychasten thematisiert. Die *Philokalie* wurde herausgegeben von Bischof Makarios von Korinth, der die Auswahl getroffen hatte, und vom Athos-Mönch Nikodemos, der das Vorwort und die Anmerkungen verfaßte.

Über Schicksal und Wirkung dieser griechischen Urausgabe ist nicht viel bekannt, aber schon bald nach ihrem Erscheinen wurde sie von Paisij Velitschkowskij, dem Begründer des russischen Starzentums, ins Kirchenslawische übersetzt und gewann großen Einfluß – bis 1857 sechs Auflagen – nicht nur auf das slawische Mönchtum, sondern auch auf die russische Volksfrömmigkeit, wo das Jesusgebet große Verbreitung fand. 1877 erfolgte eine russische Übersetzung und schließlich eine große russische Neubearbeitung mit zusätzlichen Texten in fünf Bänden. Erst diese große russische Ausgabe wurde der Anlaß zu einer neuen griechischen Ausgabe im gleichen Umfang, die mehrere Nachdrucke erfuhr.

Der ganze Komplex, der natürlich unendlich viele Wiederholungen enthält, ist für den modernen Benutzer jedoch viel zu umfangreich und außerordentlich ermüdend. So hat sich der französische Patristiker Jean Gouillard das große Verdienst erworben, 1953 eine *Petite Philocalie* mit den wichtigsten Auszügen aus den Mönchsvätern herauszugeben. Seine Auswahl ist 1957 in Zürich in Deutsch erschienen unter dem Titel *Kleine Philokalie zum Gebet des Herzens*. Aus ihr stammen die meisten Zitate unseres obigen Hesychasmus-Kapitels. Die Auswirkung der Philokalie auf die russische Volksfrömmigkeit aber hat ihren schönsten Niederschlag gefunden in den weitverbreiteten und in viele Sprachen übersetzten *Aufrichtigen Erzählungen eines russischen Pilgers* (vollständige deutsche Ausgabe Herder/Spektrum 4156).

Die Bibliotheken des Athos

Amand de Mendieta leitet das Bibliothekskapitel seines Athos-Buches mit einigen allgemeinen Bemerkungen ein, die es aus mehreren Gründen verdienen, im Wortlaut zitiert zu werden. Der Text stammt aus dem Jahre 1972.

„Das Mönchsleben auf dem Athos hat zehn Jahrhunderte überdauert. Es hat gute und schlechte Zeiten gekannt und ist (sogar auch) dem Untergang nahe gewesen. Aber die aufeinanderfolgenden Mönchsgenerationen haben beständig einem wesentlichen Zug ihrer Lebensweise angehangen. Wir können diesen Zug bestimmen als kompromißlose Entschlossenheit, sich selbst von der ‚Welt' fernzuhalten, die ihre Ideale nicht teilt und der sie zu entfliehen versuchen müssen. Daraus ergibt sich, daß sie vollkommen gleichgültig, wenn nicht feindlich eingestellt sind gegen alle Formen menschlicher Gelehrsamkeit und weltlicher und ‚profaner' Studien.

So finden wir in keinem orthodoxen Kloster, sei es auf dem Athos, sei es sonstwo im Osten, ein Corps d'élite gebildeter Priester. – In der ganzen Geschichte des Athos ist immer nur eine kleine Zahl der aktiven und ansässigen Mönche der Klöster halbwegs solide gebildet gewesen, wenn es überhaupt eine Zeit gegeben hat, wo einmal sämtliche Mönche eines Klosters lesen und schreiben konnten.

Handschriften in den Bibliotheken des Athos
Bis vor hundert Jahren glaubte man in Westeuropa, daß die Klöster des Athos reiche Schatzhäuser wären, vollgestopft mit unbekannten Handschriften klassischer und frühchristlicher Autoren, und daß es dort einzigartige Handschriften zu finden gäbe, liebevoll kopiert von einem Mönch im Skriptorium oder

seiner Zelle, von vielen Werken, von denen alle anderen Kopien verlorengegangen waren. Immer noch gibt es Leute, die so sehr von westlichen Ideen und Vorstellungen eingenommen sind, daß sie fortfahren, das zu glauben. Wenn man sie bewegen könnte, den Athos zu besuchen, würden ihre Illusionen einen schweren Schock erleiden. Wenn sie jene Bibliotheken beträten, die normalerweise dem Publikum nicht zugänglich sind, so würden sie den planen Beweis für die Einstellung der ‚frommen' Mönche gegenüber der Gelehrsamkeit erhalten. Sie könnten nicht verfehlen, aktive Feindlichkeit gegenüber aller ‚profanen' Gelehrsamkeit festzustellen oder gegen jede andere intellektuelle Betätigung, beides Dinge, die sich in die Lebensregel eines Mönchs oder Asketen nicht einfügen lassen. Und da die Mönche auf diese Weise alle Gelehrsamkeit ablehnen, so folgt daraus, daß sie an Handschriften oder Büchern mit nicht-monastischem Inhalt gänzlich uninteressiert sind. Und es gibt keine Unikate oder unbekannte ‚profane' Handschriften. Überhaupt ist nur ein sehr kleiner Anteil der Athos-Handschriften 'profan', nur etwa fünf Prozent.

Es besteht noch eine andere Illusion, die ebenfalls weit verbreitet und offenbar ebenso schwer zu zerstreuen ist wie der naive griechische Glaube, daß die große Bibliothek, die sich einst im kaiserlichen Palast von Konstantinopel befand, eines guten Tages wiedergefunden wird. Man trifft immer noch Leute, Theologen und Philologen, die eine völlig falsche Vorstellung vom Wert der patristischen Handschriften des Athos haben und glauben, daß viele wichtige unbekannte Werke dort noch ‚auftauchen' werden.

Es muß zugegeben werden, daß einige Handschriftensammlungen des Athos – z.B. die von Vatopédi, Lávra, Ivíron und Aj. Panteleímonos – von imposantem Umfang sind. Rein nach der Additionssumme geurteilt, die sie umfassen, sind diese Sammlungen größer als jede andere griechische Handschriftensammlung in der Welt, größer selbst als die der Vaticana oder der Nationalbibliothek von Paris. Nach den gedruckten Katalogen enthalten die Bibliotheken der zwanzig Klöster insgesamt etwa 10 500 griechische Handschriften, und ein weiteres Tausend befindet sich wahrscheinlich in den Bibliotheken der großen Skiten. Dann ist da noch die bedeutende Sammlung georgischer Handschriften in Ivíron[6] und eine beträchtliche Anzahl slawischer Handschriften in Zográphou, Aj. Panteleímonos, Chilandári und Esphigménou.

Aber der (großen) Zahl der Handschriften steht in keiner Weise eine entsprechende Qualität, Wertigkeit und Bedeutung gegenüber. Mehr als drei Viertel von ihnen sind modern, d.h., sie wurden erst im 17., 18. und 19. Jh. abgeschrieben. Dies allein sollte als Sperre gegenüber übertriebenem Optimismus dienen" (*Mount Athos*, S. 242/243).

Nach der Lektüre dieser Auszüge wird jeder Leser fragen: Ist das eine realistische Darstellung, oder liefert de Mendieta Schwarzmalerei? Beginnen wir mit dem Alleräußerlichsten, der Bestandszahl. Die Zahl der katalogisierten griechischen Handschriften (fortan Hss.) beträgt nach dieser Information 10 500 (in Wirklichkeit nur etwa 10 250). Dagegen wird die Gesamtzahl aller griechischen Athos-Hss. neuerdings auf etwa 14 500 geschätzt. Das bedeutet, daß 4000 Hss., mehr als ein Viertel von allen, bis heute nicht katalogisiert sind. Wir hörten schon, daß sich allein im Kloster Megísti Lávra ungefähr 500 unkatalogisierte Hss. befinden (s.o. S. 65). Immer noch ist jede vierte Hs. des heiligen Berges also philologisch nicht erfaßt. Daraus ist schon unmittelbar zu entnehmen, daß die Mönche selbst in all den Generationen keine Kataloge ihrer Bibliotheken angelegt haben, die bei normaler Bibliotheksführung immer nur hätten ergänzt zu werden brauchen. Allerdings hat es auch Zeiten gegeben, besonders im 17. und 18. Jh., wo die Zahl der Abgänge zu registrieren viel mehr Arbeit gemacht hätte als die der Zugänge. Die Kataloge müssen ihnen von Außenstehenden gemacht werden, von Laien, zu einem nicht geringen Teil von Ausländern. Von den schätzungsweise 28 000 Mönchen, die das Kloster Vatopédi in sei-

[6] In Wirklichkeit nur noch einhundert. Und wer wird sie jemals katalogisieren?

ner langen Geschichte besiedelt haben, hat keiner „Zeit gefunden", sich dem Bibliothekskatalog zu widmen.

Die ersten wissenschaftlichen Kataloge der Athos-Hss. lieferte 1895 und 1900 der große griechische Historiker und Philologe Spyridon Lambros, der seit 1880 im Auftrag der griechischen Regierung mit zwei Assistenten auf dem Athos gearbeitet hatte. In seinen beiden Bänden *Catalogue of the Greek Mss. on Mount Athos*, I und II, die von der Cambridge University Press gedruckt wurden, waren die Bibliotheken von achtzehn Klöstern, außer Megísti Lávra und Vatopédi, erfaßt sowie die Sammlungen des Protáton in Karyés (81), der Skiti Aj. Anna (46) und der Skiti Kavsokalývia (48).

Wenn die beiden großen Klöster Megísti Lávra und Vatopédi fehlten, so deswegen, „weil die Väter von Lávra und Vatopédi es vorzogen, ihre Schätze der wissenschaftlichen Welt ohne (fremde) Hilfe allein im Vertrauen auf ihre eigenen Fähigkeiten zugänglich zu machen". – „Phthónos oudeís – Kein Neid (unsererseits)", fügt Lambros ironisch hinzu, und in der Tat, wer die Kataloge dieser beiden Klöster zu erstellen hat, ist nicht zu beneiden. Auch hatte Lambros, in zwanzigjähriger entsagungsvoller Arbeit, bereits eine ganz außerordentliche Leistung vollbracht. Die Zahl der von ihm und seinen Assistenten erfaßten Hss. betrug 6618. Ein unvorhersehbares Verdienst seines Kataloges war, daß er auch die 254 Hss. des Klosters Símonos Pétra verzeichnete, die bei dem großen Brand des Klosters am 27. und 28. Mai 1891 sämtlich vernichtet wurden. Der Katalog verzeichnet so wenigstens historisch, was das Kloster einmal besaß.

Lambros nimmt im ersten Band zwischendurch auch einmal Gelegenheit, von den Verlusten der Bibliotheken zu sprechen, über die, die durch leichtfertigen Verkauf entstanden, hinaus. Er erwähnt den Gebrauch von Papier-Hss. zum Feuermachen und den von Pergament-Hss. zum Verschließen von Marmeladengläsern und als Ersatz für Fensterscheiben.

Der Katalog von Vatopédi erschien erst ein Vierteljahrhundert später, bearbeitet von Arkadios, einem Diakon des Klosters, und herausgegeben von Sophr. Eustratiades, dem ehemaligen Metropoliten von Leontópolis. Er umfaßte 786 literarische Hss., 465 liturgische und 285 Musik-Hss. Er erschien 1924, ebenfalls in Cambridge, aber nicht im englischen, sondern im Cambridge von Massachusetts, als Nr. 11 der „Harvard Theological Studies". In derselben Reihe als Nr. 12 erschien im darauffolgenden Jahr (1925) der Katalog von Megísti Lávra, bearbeitet von Spyridon, einem Mönch des Klosters, herausgegeben ebenfalls von Eustratiades. Beschrieben sind 1967 Hss.

Das Gesamtergebnis dieser vier Kataloge läßt sich kurz so zusammenfassen: Die überwiegende Mehrheit, mehr als 90 Prozent, sind biblische oder kirchliche Hss. Und: Es gibt keine unbekannten Werke 'profaner', nichtchristlicher Autoren, und die Aussichten, unbekannte Schriften der Kirchenväter zu finden, sind nur ganz gering.

Drei Viertel der Hss. sind erst nach 1500 geschrieben. Nur ein Viertel ist 'alt', d.h. vor 1500 entstanden und von größerem Wert für die Textkritik (vgl. de Mendieta, S. 245).

Es folgten dann noch Nachträge und die Kataloge kleinerer Sammlungen, aber nach dem Zweiten Weltkrieg mußte ein ganz neuer Anfang gemacht werden. Es wäre eine angenehm begrenzte Aufgabe gewesen, die noch fehlenden Hss. nachzutragen, aber das wirkliche Erfordernis war viel größer. Die alten Kataloge, so unbestreitbare Verdienste sie haben, waren nicht nur unvollständig, zum Teil auch fehlerhaft, sondern sie genügten in keiner Weise mehr den Anforderungen und Prinzipien moderner Katalogisierung. Eine komplette Hs.-Beschreibung umfaßt zunächst die Identifizierung und genaue Angabe des Inhalts, dann die paläographische und kodikologische Beschreibung mit Angabe und Analyse des Schreibmaterials (Beschreibstoffes) und der Lagen (Bindung), der Schriftart, des Buchschmucks und des Einbands, schließlich die möglichst genaue Datierung der Hs. anhand, im Idealfall, des Kolophons, sonst mit Hilfe der Schrift, des Papiers und anderer Merkmale. Und dann gehört eine möglichst vollständige Bibliographie dazu über alles, was die jeweilige Hs. betrifft.

Das alles für rund 14000 Hss. zu bewerkstelligen ist eine

ungeheure Aufgabe, die nur von vielen Gelehrten geleistet und nur im Verlauf von Jahrzehnten abgeschlossen werden kann. Die beiden großen griechischen Altphilologen und Paläographen Linos Politis und Manousis Manousakas haben damit den Anfang gemacht, aber angesichts des Umfangs der Aufgabe war klar, daß nur eine systematische Organisation zügig und verläßlich weiterführen konnte. Nehmen wir zur Illustration ein ganz einfaches Beispiel. Ein sehr großer Teil der Athos-Hss. sind Sammel-Hss., die eine größere Zahl von Einzelschriften: Heiligenleben, Traktate, Predigten, Katechesen, historische, patristische, erbauliche Texte, enthalten. Sind deren Titel angegeben, gut, sind sie es nicht, beginnt für den Katalogisator die Suche. Einen ihm unbekannten Text zu bestimmen, gibt es eine Reihe von Hilfsmitteln. Trotzdem kann die Suche manchmal Wochen dauern. Die Hilfsmittel für diese und andere Aufgaben, z. B. die Datierung, sind auf dem Athos nirgendwo beisammen. Arbeitet einer in Vatopédi, so fehlt ihm auf einmal ein Nachschlagewerk oder eine Textausgabe, die sich in Megísti Lávra befindet. Das bedeutet eine Arbeitsunterbrechung von mindestens zwei Tagen. Mit anderen Worten: um einigermaßen zügig weiterzukommen, reichten die alten Mittel und Arbeitsbedingungen nicht aus. Man braucht, so vollständig wie möglich, alle Athos-Hss. auf Mikrofilm, zusammen mit einem ebenfalls vollständigen wissenschaftlichen Apparat an Texten und Nachschlagewerken. Diese Arbeitsbedingungen sind heute vorhanden im historischen Vlatadon-Kloster oberhalb von Thessaloniki, in dem mit finanzieller und personeller Hilfe von seiten der deutschen evangelischen Kirche und der Deutschen Forschungsgemeinschaft das *Patriarchalische Institut für patristische Studien – Patriarchikón Ídryma Paterikõn Spoudõn* seinen Sitz hat.

Als erster moderner wissenschaftlicher Hss.-Katalog des Athos erschien 1978 ein Werk deutsch-griechischer Zusammenarbeit, der Katalog der Hss. der zum Kloster Vatopédi gehörenden Skiti Aj. Dimítrios, herausgegeben von Erich Lamberz und Euthymios Litsas. Aber danach ist eine nun schon ein halbes Menschenalter dauernde Pause eingetreten. Als nächstes war geplant, die ungefähr 500 unkatalogisierten Hss. von Megísti Lávra zu beschreiben. Einem Deutschen aus Hamburg war diese Aufgabe übertragen worden, ohne daß er sie jedoch zum Abschluß bringen konnte. Sie wird nun von einem Griechen fortgeführt. Daß ihre Veröffentlichung, wie Prof. P. K. Chrestou 1989 optimistisch in Aussicht stellte, dicht vor dem Erscheinen stehe, war eine Illusion. Es kann leicht das nächste Jahrtausend anbrechen, bis es soweit ist.

Inzwischen arbeitet eine Gruppe griechischer Paläographen an einem neuen Katalog der Hss. von Ivíron. Der Amerikaner Robert Allison bereitet den Katalog von Philothéou vor. Euthymios Litsas und Dimitris Kyros werden einen Ergänzungskatalog von Chilandári vorlegen. Eine überaus wichtige und nützliche Aufgabe für Spezialzweige der Kultur- und Wissenschaftgeschichte ist es auch, Fachkataloge zu erarbeiten z. B. über die Musik-Hss. oder über die medizinischen und juristischen Hss. des Athos.

Erich Lamberz, der seit fast zwanzig Jahren immer wieder in Vatopédi arbeitet, hat inzwischen den ersten Band seines Katalogs der dortigen Bibliothek abgeschlossen und bereitet die Drucklegung vor. Sollte es ihm, der noch ein relativ junger Mann ist, gelingen, noch in dieser Inkarnation auch den zweiten Band seines Opus magnum zu vollenden, was wir ihm von ganzem Herzen wünschen, so wird ihm, vielleicht nicht von den Mönchen, aber auf jeden Fall von den europäischen Paläographen ein Ehrenplatz in vorderster Reihe eingeräumt werden.

Nachdem wir nun verschiedenes über die Bestände der Athos-Bibliotheken gehört haben, müssen wir uns ein wenig auch mit dem traurigen Kapitel ihrer Verluste beschäftigen, die durch Verschenkungen und Verkäufe, durch Diebstahl, Plünderung und Brand im Laufe der Jahrhunderte eingetreten sind. Am Ende des Mittelalters waren die Bestände natürlich noch vollständig beisammen, von denen sich heute große Teile – zum Glück, muß man paradoxerweise sagen – in Florenz, Paris, Rom und Moskau befinden, während noch größere für

immer verloren sind. Sprechen wir zunächst von den erhaltenen. Gelehrtes Interesse hat von der Renaissance bis heute,
wenn schon in jetzt stark reduziertem Grade, zur Dezimie-
rung der Athos-Bibliotheken beigetragen. „Die Agenten von
Kaisern, Königen, Zaren, Fürsten, reichen Bibliophilen und
Sammlern haben die Schätze des Athos für lächerliche Summen begierig aufgekauft, um die Wünsche (ihrer Herren)
zu erfüllen", schreibt de Mendieta (S. 248) und führt an-
schließend drei illustrative Beispiele an.

Im 15. Jh. erhielt Janos Laskaris fünfzig kostbare Hss. von
der Megísti Lávra, die später den Grundstock der Laurenziana
in Florenz bildeten.

Die Abteilungen Ancien Fonds grec und Fonds Coislin der
Nationalbibliothek in Paris, die mehrere hundert griechische
Hss. umfassen, wurden im 17. und 18. Jh. von verarmten griechischen Klöstern durch Agenten Ludwigs XIV. und XV., Ma-
zarins, Séguiers, Colberts und anderer reicher Sammler aufgekauft. Der Fonds Coislin enthält u. a. siebzig Hss., die allein
aus Megísti Lávra stammen.

Die Bibliothek des Patriarchats von Moskau, die sich heute
im Moskauer Historischen Museum befindet, besitzt in ihrer
griechischen Abteilung 500 griechische Hss. vom Athos, die
während des 17. Jh. erworben wurden und von denen die meisten einen Vermerk über ihr Herkunftskloster enthalten. Sie
bildeten den Ertrag einer Reise, die der russische Mönch Arse-
nij Soukhanow, mit reichen Mitteln ausgestattet, 1654 auf
den Athos machte. Er reiste im Auftrag des Zaren Alexeij
Michailowitsch (1645–76) und erwarb für ihn 148 Hss. allein
in Ivíron. Das 17. und 18. Jh. waren die schlimmsten Notzei-
ten für die Athos-Klöster. Sie waren gezwungen, ihr Kirchensilber zu verkaufen, und verkauften natürlich auch Hss. Ihre
Not war der Gewinn westlicher Bibliotheken, und man hat
dazu gar die frivole oder eigentlich schon zynische Bemerkung gewagt: Der Humanismus, die klassischen und bibli-
schen Studien hätten in Europa nicht die Fortschritte machen
können, die sie gemacht haben, wenn die Athos-Mönche sich
nicht von ihren Hss. getrennt hätten.

Aber die Hss.-Verkäufe setzten sich auch unter den besseren Verhältnissen des 19. Jhs. fort. Ein wunderbares Zeugnis liefert der Reisebericht des Engländers Rob. Curzon Jun., *Visits to the Monasteries in the Levant* (London 1849). Curzon war 1837 auf den Athos gereist, um Hss. für seine Privatsammlung zu erwerben. Er notiert den Zustand jeder Bibliothek und ob ihre Bestände geordnet waren oder nicht. Humorvoll berichtet er, wie er im Kloster Xenophóntos mit den Mönchen fünf Stunden lang um ein großartiges Lektionar verhandelte, das zudem die eigenhändige Unterschrift des kaiserlichen Stifters Alexios I. Komnenós (1081–1118) trug. Als er sich am Ende 22 türkische Pfund abringen ließ, waren die Mönche überzeugt, einen richtigen *koutóphrangos*, einen notorischen *dummen Ausländer*, vor sich zu haben, und gaben ihm zum Trost noch ein Evangeliar, das Geschenk eines anderen Kaisers, in den Kauf hinein. – Im Kloster Aj. Pávlou erhielt Curzon zwei wertvolle Evangeliare als Gastgeschenk, zur bleibenden Erinnerung. Eigentlich schade, daß diese großzügigen Zeiten vorbei sind. Curzons Sammlung befindet sich heute in der Bibliothek des Britischen Museums.

1840, z. Z. des Bürgerkönigs, wurde der Grieche Mynoides Mynas vom französischen Unterrichtsminister Villemain auf Klosterfahrt geschickt. Er erwarb eine Anzahl schöner Hss. auf dem Athos, besonders eine Sammlung altgriechischer Militärschriftsteller, die auch in die Pariser Nationalbibliothek eingegangen ist. In seinem Bericht an die französische Regierung erwähnt er auch seine Beobachtung, daß wertvolle Pergament-Hss. dazu benutzt wurden, Stockfisch darin einzuwickeln.

Zum Abschluß aus dem 19. Jh. noch drei bekannte Namen. Der russische Archimandrit Porphyr Uspenskij, später Metropolit von Kiew, der mehrmals längere Aufenthalte auf dem Athos verbrachte, hat das unauslöschliche Odium auf sich geladen, eine Reihe von Büchern gestohlen und, was vielleicht noch schlimmer ist, aus illuminierten Hss. Seiten mit Initialen und Miniaturen herausgeschnitten zu haben. Seine Beute befindet sich heute in der Stadtbibliothek von St. Petersburg.

Konstantin Simonides, der berüchtigte Handschriftenfälscher, der sogar die größten deutschen Altphilologen anführte, hatte seine „Ausbildung" auf dem Athos erfahren. Um seine Fälschungen, die er in Europa verkaufte, zu tarnen und Käufer und Experten zu täuschen, bot er sie untermischt mit echten Hss. an, die er auf dem Athos gestohlen hatte.

Und schließlich, wir wollen es nicht verschweigen, hat auch der größte deutsche Paläograph des 19. Jhs., Konstantin v. Tischendorf, der im Katharinenkloster auf dem Sinai seine säkularen Entdeckungen machte, bei seinem Besuch auf dem Athos die Gelegenheit nicht ausgelassen, Hss. zu erwerben. Interessant wäre zu erfahren, was ich nicht weiß, ob er auch auf Patmos, das er ebenfalls besuchte, Hss. entführen konnte, denn die Mönche des Johannes-Klosters waren andere Bücherfreunde als die Athoniten. Während es in keinem einzigen der Athos-Klöster einen mittelalterlichen Hss.-Katalog gegeben hat, existiert ein solcher auf Patmos.

Und nun – keine Rede davon, daß die athonitischen Hss.-Verkäufe in unserem Jahrhundert aufgehört hätten. Wir berichteten schon, daß nach dem großen Brand der russischen Skiti Aj. Andréas im Juli 1958 mehrere ihrer Hss. im internationalen Handel auftauchten. Erst in jüngster Vergangenheit ist es auf dem Athos zu zwei Skandalen gekommen, bei denen eine Kloster- und eine Skitenleitung wegen getätigter Hss.-Verkäufe zurücktreten mußte. Und schließlich, in der Hss.-Sammlung des Ehepaars Ludwig, die zu unrühmlicher Bekanntheit dadurch gelangte, daß sie ursprünglich den Kölnern zugesagt war, dann aber, als diese zum Dank, wie sie meinten, den wissenschaftlichen Katalog erstellt und damit die Sammlung erst richtig erschlossen und wertvoll gemacht hatten, an das Paul-Getty-Museum in Malibu verkauft wurde, befinden sich auch Athos-Hss. Wie sie dorthin gelangten, ist natürlich ein im Interesse beider Seiten wohlgehütetes Geheimnis und wird es sehr wahrscheinlich auch immer bleiben.

Aber: nach so vielen und so verschiedenartigen Verlustmeldungen können wir den Leser doch auch einmal mit der Nachricht eines Neuzugangs aufheitern. Neuzugang? Wie ist

das möglich? 1989 kamen bei der Renovierung der Schatzkammer des Klosters Vatopédi einundzwanzig Hss. zum Vorschein, deren Existenz bis dahin völlig unbekannt war. Die
Mönche vertrauten ihre erste Bearbeitung E. Lamberz an,und
er konnte im August 1993 auf dem Vierten Internationalen
Kongreß für Griechische Paläographie in Oxford der gelehrten
Welt diese Sensation vorstellen. Es handelt sich zum größeren
Teil um illuminierte Hss., neun aus dem 11. und 12. Jh., ebenfalls neun aus dem 13.–15. Jh. und drei aus dem 17. Jh. Fast
alle sind Geschenke byzantinischer Kaiser oder hoher byzantinischer Würdenträger.

Wir wollen hier noch bei einer interessanten Einzelheit ver-
weilen[7]. Der byzantinische Aristokrat Johannes VI. Kantaku-
zenos, 1347–54 Kaiser, als welcher er, wie wir schon hörten,
1351 auf der Synode von Konstantinopel den Hesychasten zur
Anerkennung verhalf und der nach seiner Absetzung 1354 noch
fast dreißig Jahre als Mönch schriftstellernd u. a. in Mistra
lebte, hatte um 1340 den heiligen Berg besucht und machte
wenig später dem Kloster Vatopédi, in das er eintreten wollte,
bedeutende Schenkungen an Geld und Zimelien. Unter den
letzteren befanden sich auch etwa dreißig wertvolle Hss., die
eigens für ihn selbst geschrieben und illuminiert worden waren, jedenfalls aus seiner persönlichen Bibliothek stammten
und zu den Meisterleistungen paläologischer Kalligraphie und
Kunst gehören. Die Schenkung wurde der Bibliothek nicht en
bloc eingefügt, sondern nach ihrem Inhalt auf die einzelnen
Sparten verteilt, und es bedurfte besonderer Anstrengungen,
sie wieder zusammenzubringen. Indessen landeten zwei der
Kodizes nicht in der Bibliothek, sondern in der Schatzkammer, wo sie bis 1989 unentdeckt und völlig unbekannt blieben. Einer dieser beiden Kodizes ist eine großartige Evange-

---

[7] Ich entnehme diese Einzelheit wie auch alle oben angeführten einem Vortrag von E. Lamberz *Neuere Forschungen in den Bibliotheken des heiligen Berges*, den er am 30. Oktober 1993 auf
Neugriechisch gehalten und mir dankenswerterweise zugänglich
gemacht hat.

lien-Hs., die E. Lamberz als die schönste der ganzen Schenkung bezeichnet und die 1340/41 von einem namentlich bekannten Schreiber angefertigt wurde. So hat der Neufund in der Schatzkammer nicht nur einundzwanzig Hss. erbracht, sondern auch einen Block kostbarer Hss. auf das glücklichste vervollständigt.

Die illuminierten Hss. bilden den kostbarsten Teil der Athos-Hss. Sie sind nicht in den Klöstern entstanden, sondern waren meist Geschenke von den verschiedensten Stiftern, viele Erzeugnisse der kaiserlichen Skriptorien von Konstantinopel. Um diese damals noch ganz unerschlossenen Schätze zu heben, entsandte die Universität Princeton in den dreißiger Jahren unter Leitung des deutsch-amerikanischen Spezialisten Kurt Weitzmann drei Photoexpeditionen auf den Athos, um dort alle illuminierten Hss., soweit sie registriert waren, aufzunehmen. Die Universität Princeton besitzt also ein einzigartiges Archiv der Athos-Miniaturen. Zu einer systematischen, repräsentativen Auswahl-Veröffentlichung ist es allerdings nie gekommen, und inzwischen haben sich Situation und Voraussetzungen stark verändert. Das Princeton-Archiv verfügt fast nur über Schwarzweiß-Aufnahmen – die Farbphotographie steckte damals erst in den Anfängen –, und das genügt den heutigen Ansprüchen nicht mehr. Aber es hat doch eine sehr schöne deutsche Frucht dieses Bestandes gegeben. Zur Tausendjahrfeier des Athos 1963 hat Weitzmann, angeregt durch den Hamburger Verleger Friedrich Wittig, ein kleines illustriertes Buch herausgegeben: *Aus den Bibliotheken des Athos* (Hamburg 1963). Es ist ein kleines Meisterwerk, die Arbeit eines der ersten Fachleute, ein Buch, das Licht verbreitet. Weitzmann führt dem Leser durch ausgewählte Spezimina die wichtigsten Klassen, Themen und Darstellungsformen vor Augen, so daß er nun über klare Begriffe und Vorstellungen verfügt, die ihm in dem ungeheuren Material eine Orientierung geben, sich selbst weiterzuhelfen. Das kleine Buch ist viel erhellender und instruktiver als z.B. das voluminöse, soviel abbildungsreichere Athos-Buch von Paul Huber. Es sollte niemand, der Zugang zu den byzantinischen Miniaturen sucht, das kleine Buch von Weitzmann aus-lassen.

Inzwischen haben aber die Griechen selbst eine große Mi-niaturen-Publikation unternommen. Sie begann 1973 unter der Ägide von Prof. St. M. Pelikanides (Thessaloniki) und dreier weiterer griechischer Byzantinisten und steht unter dem Obertitel *Die Schätze des Heiligen Berges – Oi thesauroí toū Agíou Órous*. Danach ist oder war geplant, im Lauf der Zeit alle wichtigen Kunstschätze des Athos in einer großen Edition herauszubringen: Ikonen, Fresken, Stickereien, Gold-schmiedearbeiten, Bucheinbände, Schnitzereien, Ikonostasen usw. Bis jetzt sind „nur" vier große Prachtbände mit Miniatu-ren erschienen, nach Klöstern geordnet, was eben die Syste-matik, die Weitzmann bieten konnte, von vornherein aus-schließt. Der Leser muß sie sich selbst erarbeiten. Eine Aus-wahl aus den ersten beiden Bänden ist 1979 auch in Deutsch erschienen.

Zur Geschichte der Athos-Klöster

Die Anfänge

Die offizielle Geschichte der Athos-Klöster beginnt mit dem Jahr 963. Im Westen hatte ein Jahr zuvor Otto d. Gr. die Kaiserkrone empfangen. 963 gründete Athanasios das große Lávra-Kloster und führte damit das Mönchtum des gemeinsamen Lebens (Kinóvion) auf dem Athos ein. Bis dahin hatte es nur Einsiedeleien und kleine Streusiedlungen auf dem heiligen Berg gegeben. Deren Herkunft und Anfänge liegen in der Ungewißheit von Legenden und Mutmaßungen verborgen. Zur Voraussetzung haben sie, daß die antiken Ortschaften auf dem Athos aufgegeben waren. Wann und aus welchen Gründen das geschah, ist unbekannt. Allgemein gilt das 7. Jh. als die Zeit, da der Athos stärker von Asketen besiedelt wurde. Früher nahm man an, daß zwei geschichtliche Vorgänge größere Scharen von Mönchen auf den heiligen Berg führten. Durch die arabische Eroberung Syriens und Palästinas seien die dort vertriebenen Klosterinsassen zu einem nennenswerten Teil auf den Athos geflohen. Und ebenso hätten zur Zeit des byzantinischen Bilderstreits (726–834), in der die Mönche verfolgt waren, viele von ihnen Zuflucht auf dem Athos gesucht. Heute hält man so weite Mönchswanderungen für unwahrscheinlich. Erfahrung wie Überlieferung zeigen, daß Klostermannschaften sich vor allem aus der Nachbarschaft rekrutieren. Und das wird noch stärker für die frühe Zeit gelten.

Die erste kirchengeschichtliche Erwähnung des Athos geschieht im Jahre 843. Damals berief Kaiserin Theodora eine Synode nach Konstantinopel ein, um den Bilderstreit zu beenden. An ihr nahmen, als eifrige Ikonenverehrer, auch zahlreiche Mönche teil, nicht zuletzt solche von heiligen Bergen, vom Ida und vom bithynischen Olymp und Kymina. Und mit diesen zusammen wird zum erstenmal auch der christliche Athos erwähnt. Um diese Zeit war die Zahl der Asketen dort schon so groß, daß eine Verbindung und Ordnung unter ihnen entstand und es für gemeinsame Anliegen einen Leiter und Berater gab, der den schlichten Titel *Protos*, der *Erste*, erhielt. Unter seinem Vorsitz fanden jährlich drei Versammlungen statt, zu Weihnachten, zu Ostern und an Mariä Himmelfahrt (15. August).

Auch an Sonntagen und den übrigen Festen pflegten die Mönche sich bei der Hauptkirche am Sitz des Protos zu gemeinsamem Gottesdienst zu versammeln. In der ersten Hälfte des 10. Jh. verlegte der Protos zur Erleichterung die Versammlungen in die Mitte der Halbinsel. Von seiner Lage erhielt der Ort den Namen *Méssi – Mitte*. Es ist das spätere und heutige Karyés, die „Hauptstadt" des Athos. Die in Méssi vom Protos gegründete neue Asketensiedlung (Lavra) erhielt den sprechenden Namen *Protáton* (Vorort, Hauptsitz), so wie noch heute die Kirche dort, die älteste und ehrwürdigste auf dem Athos, Protáton heißt (s. o. S. 48).

Die Gründung des hl. Athanasios

Dann erfolgte 963 die Gründung der Großen Lavra durch den hl. Athanasios, d. h. die Einführung des kinovitischen Mönchslebens auf dem Athos. Daß diese Gründung zu Konflikten führte, war unvermeidlich. Mönche sind oft ebenso streitbar wie streitlustig, und hier ging es um eine schwerwiegende Frage. Zwei ganz verschiedene Auffassungen von der rechten Form des Mönchslebens standen einander gegenüber, die eremitisch-asketische und die kinovitische. Es dauerte zehn Jahre, bis sie durch den Erlaß des Kaisers Johannes Tsimiskís

972 entschieden wurde. Das Original dieses ersten Typikóns des Athos mit der persönlichen Unterschrift des Kaisers, ist, wir hörten es schon, im Archiv von Karyés erhalten, auf Ziegenleder. Es ist jenes, das den satirischen Namen *Trágos – Ziegenbock*(shaut) trägt. Im Trágos versuchte der Kaiser, beiden Seiten gerecht zu werden.

Was zunächst des Athanasios Gründung selbst betraf, so bestätigte der Kaiser sie im Besitz des ihr von Nikephóros Phokás, seinem Vorgänger, verliehenen Klosters Aj. Andréas der Tauben *(tõn peristerõn)* in Thessaloniki, erhöhte den jährlichen Zuschuß von 244 Goldstücken *(nomísmata)* auf das Doppelte und die Zahl der Mönche von achtzig auf einhundertzwanzig.

Für die Athos-Gemeinschaft insgesamt wurden die drei allgemeinen Treffen *(synáxeis)* zu Weihnachten, Ostern und Mariä Himmelfahrt auf das letztere beschränkt und festgesetzt, daß mit Ausnahme des Protos und des Athanasios alle übrigen Igoúmeni (Führer, Äbte) ohne Begleitung erscheinen sollten, um den Umfang dieser Versammlungen und die Gefahr tumultuarischer Weiterungen, wie sie in der Vergangenheit öfter vorgekommen waren, zu begrenzen. Immerhin nahmen nicht weniger als 54 Leiter an der Sýnaxis teil. Es muß also z.Z. des Athanasios bereits einige Dutzend größerer und kleinerer Mönchssiedlungen auf dem Athos gegeben haben, woher sich denn auch der Name *Megáli Lávra – Große Lávra* erklärt. Es ist dabei unklar und umstritten, ob Athanasios eine vielleicht enger als bis dahin üblich gruppierte Mönchssiedlung gründete, wie der Name Lávra es eigentlich nahelegt, oder ob es bereits ein fest umgrenzter, in sich abgeschlossener Klosterbau im späteren Sinne war.

Von den zahlreichen Einzelbestimmungen des Trágos heben wir einige heraus, die wichtig und charakteristisch sind.

Wenn der Protos etwas unternimmt, so ist es nur rechtens, wenn es mit Zustimmung der Versammlung der Leiter *(sýnaxis)* geschieht. Ebenso kann die Sýnaxis ihrerseits nichts anordnen oder unternehmen ohne die Zustimmung des Primas.

Novizen haben ein Jahr Probezeit zu absolvieren und sind

entweder einem geistlichen Vater, der sie unterweist und in alles einführt, oder direkt dem Abt ihres Klosters zuzuteilen.

Nur Mönchen, die sich – unter der Aufsicht eines geistlichen Vaters – besonders bewährt haben, wird es erlaubt, sich als Eremiten oder Hesychasten in die Einsamkeit zurückzuziehen.

Ein Mönch darf nicht in die Welt zurückkehren, wenn er einmal die Gelübde abgelegt hat.

Während der großen Osterfasten ist, ausgenommen an Samstagen, alle handwerkliche Arbeit untersagt. Auch Besuche und Unterhaltungen sind verboten während dieser Zeit, die ganz dem Gebet und der Meditation gehören soll.

Eunuchen und Bartlose, und seien es die Kinder von Bauleuten und Arbeitern, dürfen den Athos nicht betreten.

Den Leitern ist es verboten, Kellioten oder Eremiten Arbeit aufzuerlegen.

Auf dem heiligen Berg dürfen keine Ochsen gehalten werden, ausgenommen ein Paar in der Megísti Lávra, wegen deren Größe.

Außer dem Trágos, der von Kaiser Johannes Tsimiskís erlassenen Klosterregel, gibt es noch ein von Athanasios selbst verfaßtes Typikón. Darin sieht er z. B. für Novizen eine Probezeit von ein bis drei Jahren vor im Unterschied zu dem einen Jahr des Trágos. – Er verbietet den Besitz weiblicher Tiere, besonders von Schafen und Ziegen, denn der Mönch hat „auf alle weiblichen Wesen ein für allemal verzichtet". – Er übernimmt die Zahl einhundertzwanzig als oberste Grenze für die Klostermannschaft und setzt fest, daß nicht mehr als fünf außerhalb des Klosters als Eremiten leben dürfen.

Der Abt amtiert auf Lebenszeit mit absoluter, uneingeschränkter Autorität. Aber die Bestimmung, daß er auch das Recht habe, seinen Nachfolger zu benennen, änderte Athanasios später ab. Der neue Abt soll vom Verwalter und Geschäftsführer *(epítropos)* des Klosters in Gemeinschaft mit fünfzehn durch Alter und Erfahrung ausgezeichneten Brüdern gewählt werden. Ebenso hat der Epítropos das Recht, bei einem Abt, der sich nicht bewährt, die Absetzung zu betreiben.

Athanasios erlebte noch die Regierungszeit eines dritten Kaisers, nämlich die von Basilios II. (976–1025). Auch er erwies sich als großzügiger Gönner, stiftete neue kostbare Reliquien, darunter z. B. einen Arm des Kirchenvaters Johannes Chrysostomos, und eine jährliche Zuwendung von zehn Talenten = 260 kg Silber.

Als Athanasios im Juli 1002 starb, hatte sich die kinovitische Klosterform bereits erfolgreich durchgesetzt. Er selbst begleitete mit seinem Rat und Beistand noch die Gründung der beiden Klöster Vatopédi und Ivíron, die bis heute in der Hierarchie des Athos den zweiten und dritten Platz einnehmen, und mehrerer anderer Klöster, die nicht bis heute überdauert haben. Es scheint, daß sein Ruf am Ende Hunderte von Mönchen auf den Athos zog, nicht nur aus dem Osten, auch aus dem Westen, aus Italien, namentlich aus Kalabrien und Amalfi. Unter den Klöstern, die die Zeiten nicht überdauert haben, ist besonders das große Benediktinerkloster der Amalfitaner, um 980 gegründet, zu erwähnen. Von ihm ist heute nur noch sein gewaltiger Wehrturm erhalten, der aber einen deutlichen Eindruck davon gibt, zu welchem bedeutenden Klosterkomplex er einmal gehörte.

Die Entwicklung vom 11.–13. Jahrhundert

Die Neugründungen setzten sich auch im 11. Jh. fort. Damals entstand die Hälfte der heute existierenden zwanzig Klöster. Damals kamen, wie es scheint, auch viele Edelleute und Würdenträger auf den Athos, die der Welt entsagen wollten. Ihr Eintritt in die Klöster brachte diesen natürlich wertvolle Geschenke ein, Kunstwerke und Handschriften. Viele übertrugen ihren Landbesitz den Klöstern, deren Liegenschaften in Thrakien, Makedonien und Thessalien sich auszudehnen begannen.

Die Megísti Lávra soll um die Mitte dieses Jhs. nicht weniger als siebenhundert Mönche gezählt haben, eine Zahl, die, besonders gegenüber dreihundert in Vatopédi, als stark phantastisch erscheint, wenn man bedenkt, daß das Kloster dann seinen heutigen Umfang damals hätte weit übertreffen müssen. Wie groß auch immer die genaue Zahl gewesen sein mag, jedenfalls hatte, was nicht weiter überrascht, die außerordentliche Zunahme der Mönchsscharen eine starke Aufweichung der Disziplin zur Folge. Wir erfahren die genannte Zahl aus einem Typikón, dem zweiten des Athos, das Kaiser Konstantin IX. Monomáchos (1042–55) im Juni 1046 zu erlassen sich veranlaßt sah, weil die Zustände im Mönchsland nicht mehr waren, wie sie sein sollten. Seit dem ersten Typikón von 972 waren zweieinhalb Menschenalter vergangen. Zwischen mehreren Klöstern war Streit ausgebrochen, die Äbte hatten eine Intrige gegen den Protos angezettelt, die Mönchsregeln wurden nicht mehr eingehalten. Vor allem gab es, was als besonders schwerer Verstoß galt, ungescheut Eunuchen, Kinder und Jugendliche auf dem Athos. Für die Ernährung der großen Mönchsscharen reichte die einheimische Erzeugung nicht mehr aus. Die Klöster waren gezwungen, sich aus Konstantinopel zu versorgen. Sie hatten Schiffe angeschafft und begonnen, Handel zu treiben, über die Beschaffung von Lebensmitteln immer weiter hinaus. Karyés selbst war von einer Lávra mit dem ehrwürdigsten Gotteshaus des Athos zu einer allgemeinen Handelsstadt geworden.

Strenge Mönche, denen diese ganzen Verhältnisse ein Greuel waren, wandten sich an den Kaiser mit der Bitte einzugreifen. Kaiser Konstantin ernannte Kosmas, den Abt des hauptstädtischen Klosters Tzintzilouki, zu seinem Bevollmächtigten und sandte ihn zur Inspektion auf den Athos. Kosmas informierte sich zunächst gründlich über die eingerissenen Zustände. Dann berief er eine Versammlung aller Igoúmeni nach Karyés ein, wo sich einhundertachtzig von ihnen einfanden, eine ebenfalls überraschend große Zahl. Es wurde berichtet, debattiert, gefeilscht und verhandelt. Am Ende setzte Kosmas eine Regelung durch, die der Kaiser im Juni 1046 durch sein Typikón zum Staatsgesetz erhob. Er stellte die alten Rechte des Protos wieder her und versuchte, die

Marktverhältnisse zu ordnen. Den Klöstern wird es untersagt, größere Boote zu unterhalten, um sie daran zu hindern, Handel zu treiben. Es wird verboten, Bäume zu fällen und Stämme, Holz und Harz vom Athos auszuführen. Boote, die mit solcher Ladung angetroffen werden, werden beschlagnahmt. Nur dem Kloster der Amalfitaner werden Sonderrechte des Schiffsbesitzes eingeräumt, weil es von der Versorgung aus Konstantinopel abhängig ist, die es von der dortigen Amalfitaner-Kolonie erhält.

Es wird das Verbot weiblicher Tiere bestätigt, nur die Megísti Lávra bekommt die Erlaubnis, Kühe zu halten, um Milch, Butter und Käse für die Alten und Kranken zu gewinnen, aber diese Tiere dürfen nur drei Wegstunden von jedem Kloster entfernt geweidet werden. Zu ihrem bisherigen Ochsenpaar werden zwei weitere hinzubewilligt. Und auch dem Kloster Vatopédi werden wegen seiner Größe zwei Ochsen zugestanden.

Was nun die Regeln für das Mönchsleben selbst angeht, so wird mit großem Nachdruck das Verbot wiederholt, Eunuchen und Bartlose auf dem Athos zu dulden. Sie sind unverzüglich auszuweisen.

Keinem Mönch ist es erlaubt, während einer der Fastenzeiten den Athos zu verlassen, unter keiner Bedingung und unter keinem Vorwand. – In einigen Fällen sind Mönche zu Priestern, Diakonen und selbst Igoúmeni ordiniert worden, obwohl sie nicht einmal zwanzig Jahre alt waren. Solche Praxis wird strengstens verboten.

Für die Generalversammlung an Mariä Himmelfahrt wird noch einmal eingeschärft, daß nur der Primas und der Abt von Megísti Lávra und neu nun auch die Äbte von Vatopédi und Ivíron mit – zahlenmäßig festgelegtem – Gefolge erscheinen dürfen, alle anderen Äbte nicht, um Zusammenrottungen und Aufläufe zu vermeiden.

Trotz diesem in so vielen Punkten unerfreulichen Hintergrund, der Kaiser Konstantin zu seinem Typikón veranlaßte, wird in ihm dem Athos zum erstenmal in offizieller Form der Titel *Heiliger Berg* – Ájion Óros verliehen.

Das 12. Jh. blieb an Neugründungen hinter dem 11. weit zurück. Aus ihm ist vor allem die Entstehung zweier slawischer Klöster zu erwähnen. Von Anfang an hat es auf dem Athos auch ausländische Mönchsgemeinschaften gegeben. Das Kloster der Georgier, Ivíron, und das Benediktinerkloster der Amalfitaner entstanden noch in der zweiten Hälfte des 10. Jh. Zu der gleichen Zeit oder zu Beginn des 11. Jh. hat es auch vereinzelte slawische Mönche gegeben aus den slawischen Völkerschaften, die zum Byzantinischen Reich gehörten. Aber zu eigenen Klostergründungen kam es erst im 12. Jh. Auf der Generalversammlung an Mariä Himmelfahrt 1169 wurde den Russen vom Protos und den (nur) siebenundzwanzig anwesenden Igoúmeni das Kloster des hl. Panteleímon übertragen. Und das Serbenkloster Chilandári wurde 1198 von Kaiser Alexios III. Komnenós (1195–1203) als selbständig bestätigt.

Vom Ende dieses Jahrhunderts besitzen wir auch wieder eine sehr instruktive Zustandsbeschreibung, abermals negativ, vielleicht allerdings mit größeren Übertreibungen. Sie stammt von Eustathios, der 1175–94 Metropolit von Thessaloniki und gleichzeitig einer der gelehrtesten Philologen war, die die orthodoxe Kirche hervorgebracht hat. Er lieferte einen Pindar-Kommentar und Homer-Scholien, die noch heute in der Homer-Philologie ständig benutzt und zitiert werden. In seine Zeit fiel die Eroberung und Plünderung Thessalonikis durch die Normannen (1185), worüber er einen klassischen Bericht lieferte, der auch ins Deutsche übersetzt ist. Und von ihm stammt auch der Bericht, der uns hier angeht: *Über die Verbesserung des mönchischen Lebens*. Er versuchte, die Mißstände in den Klöstern seiner Diözese abzustellen. Und wenn der Athos, der direkt dem Kaiser unterstand, auch nicht zu seinem Amtsbereich gehörte, so wird seine Beschreibung in manchem auch auf ihn zutreffen. Sie gibt von den allgemeinen Zuständen ein reichlich düsteres Bild. Sie tadelt die Laxheit in der Zulassungspraxis, da man nun nicht zögert, auch Bettler und Verbrecher zu Mönchen zu machen, prangert die Habgier und das Besitzstreben mancher Mönche an, die durch

Schmeichelei die Gönnerschaft reicher Leute zu gewinnen suchen, moniert das weltliche Leben derjenigen, die ihre Zeit mit Vorliebe auf der Jagd oder Falkenbeize verbringen, brandmarkt die bodenlose Unwissenheit anderer und ihre damit verbundene Geringschätzung ihrer Bibliothek, die so weit geht – hier hört man den Philologen –, daß sie wertvolle Handschriften gegen ganz geringe Summen verkaufen, von der Vernachlässigung ihrer geistlichen Pflichten gar nicht zu reden.

Der sog. Vierte Kreuzzug und die Katalanische Soldbande

Das 13. Jh. brachte gleich zu Anfang dem Athos wie dem ganzen Byzantinischen Reich die ärgste Prüfung. 1204 eroberten die Kreuzfahrer des sog. Vierten oder Lateinischen Kreuzzugs anstelle Jerusalems Konstantinopel. Papst Innozenz III. (1198–1216) hatte, durch Vorkommnisse früherer Zeiten gewarnt, die Einnahme christlicher Städte und Länder ausdrücklich untersagt und mit Exkommunikation bedroht. Aber die Machtziele des 90jährigen venezianischen Dogen Enrico Dandolo und das unglückliche Zusammentreffen mehrerer verhängnisvoller Umstände, nicht ohne Schuld von beiden Seiten, führte schließlich zur Eroberung der byzantinischen Hauptstadt durch die Kreuzfahrer, unter so furchtbaren Greueln, wie sie die Geschichte nur selten verzeichnet. Sie sind eine untilgbare Schuld der „christlichen" Ritterschaft und haben damals die Glaubensspaltung zwischen Ost und West in einem Grade vertieft, der bis heute nachwirkt. Byzanz, das älteste und traditionsreichste aller christlichen Reiche, hörte auf zu existieren. So wie die europäischen Kolonialmächte im 19. Jh. dazu übergingen, Afrika unter sich aufzuteilen, so wurde damals das Byzantinische Reich in eine Reihe größerer und kleinerer lateinischer Herrschaften der verschiedensten Souveränitätsgrade aufgeteilt. Die Eroberer waren vor allem von zwei Motiven bewegt, aus ihrem jeweiligen Territorium möglichst viel herauszuwirtschaften und ihren orthodoxen Untertanen den lateinischen Ritus aufzuzwingen. Überall wurden lateinische Bischöfe, Priester und Pfarrer an die erste Stelle gesetzt.

Auch der Athos wurde einem katholischen Bischof unterstellt, dem Bischof von Sebaste. Es war sein selbstverständliches Ziel, den Athos, die Hochburg der Orthodoxie, vor allen anderen zu latinisieren. Er ließ auf dem Gebirge ein Kastell errichten, aber es scheint weniger seine Absicht gewesen zu sein, die Mönche zu bekehren, als vielmehr ihre Klöster anzugreifen und zu plündern. Die Athoniten wußten sich schließlich keinen anderen Rat, als den verzweifelten und für sie entwürdigenden Schritt zu tun, sich an den Papst selbst zu wenden. Am 17. Januar 1213 antwortete Innozenz III. mit einem Schreiben *An das Kloster des hl. Athanasius und die übrigen Äbte und Mönche des heiligen Berges*. Darin verurteilt er scharf die Übergriffe der lateinischen Besatzung und besonders die des Bischofs von Sebaste. Er nimmt die Mönche, die Halbinsel Athos und ihre sonstigen Besitztümer und Güter unter seinen besonderen Schutz und bestätigt feierlich ihre althergebrachten, von den Kaisern verliehenen Rechte und Privilegien. Mit diesem Schreiben des Papstes gelang es den Mönchen, den lateinischen Kaiser in Konstantinopel zu veranlassen, sich mit ihrer Lage zu befassen und sie vor weiteren Übergriffen zu bewahren. Der räuberische Bischof von Sebaste war schon vorher von ihm abgesetzt worden.

Das lateinische Kaiserreich von Byzanz dauerte nicht einmal zwei Menschenalter. Die Eroberung von Konstantinopel, die 1204 dem Kreuzfahrerheer nur nach furchtbaren Kämpfen gelang, war in der Nacht des 25. Juli 1261 bei einem Überraschungsüberfall von achthundert byzantinischen Reitern eine Sache von nur wenigen Stunden. Als die Nachricht in Nikäa eintraf, wohin der byzantinische Kaiserhof sich während der Zeit der lateinischen Herrschaft zurückgezogen hatte, war es eine Meldung, die zunächst keinen Glauben fand. – Drei Wochen später, am 15. August, dem Tage von Mariä Himmelfahrt, zog Michael VIII. Paläológos barfuß, ohne Prunk, hinter der Ikone der Panajía Odigítria durch die Porta Aurea in Konstantinopel ein. Er fand die Stadt völlig verarmt, verheert und entstellt.

Indessen schlug die Wiederherstellung des byzantinischen Kaisertums weder dem Reich selbst noch den Athoniten zum Frieden aus. Michael VIII. sah seine Herrschaft durch die Machtziele Karls von Anjou gefährdet und suchte Rückhalt bei der katholischen Kirche, und er fand in Patriarch Vekkos einen Kirchenführer, der seine Unionspläne unterstützte. 1274 fand das Unionskonzil in Lyon statt, auf dem die Kaiserlichen dem römischen Bekenntnis beitraten. Aber die politische Maßnahme des Kaisers stieß, wie nicht anders zu erwarten, bei seinen Untertanen auf großen religiösen Widerstand. Man wollte sich nicht dem Papsttum unterwerfen, um so weniger, als die Greuel von 1204 noch in allgemeiner Erinnerung waren. Der Kaiser zögerte nicht, Gewalt anzuwenden, um die Kirchenunion durchzusetzen. Wie weit diese Zwangsmaßnahmen reichten, welche Mittel sie anwandten und welchen Umfang sie annahmen, ist historisch nicht sicher auszumachen. Zu den entschiedensten Gegnern der Union gehörten natürlich die Athoniten, und ihre Überlieferung schreibt dem Kaiser und seinem Patriarchen die schlimmsten Greueltaten zu. Sie sollen mehrere Klöster zerstört und zahlreiche Mönche hingerichtet haben, deren Martyrium sogar durch (moderne) Denkmäler verewigt wird. Ja der Papst selbst soll auf den Athos gekommen sein, um die Union mit Gewalt zu erzwingen. Im allgemeinen herrscht bei den Historikern der Eindruck vor, als ob die Drangsal des Athos unter Michael VIII. sich in Grenzen gehalten hätte.

Der Kaiser starb 1282, und mit ihm starben die Unionsbestrebungen. Sein Nachfolger Andrónikos II. (1282–1328) war streng rechtgläubig und außerdem einer der größten Förderer und Wohltäter der Klöster unter allen byzantinischen Kaisern. Wir haben oben bei der Darstellung der fünf Hauptklöster wiederholt von ihm gehört. Aber er beging einen anderen, ganz konkreten, truppenadministrativen Fehler, der nun allerdings seinen Provinzen und dem Athos zu einer echten Katastrophe ausschlug. Es geht um die Behandlung der sog. Katalanischen Soldbande. Die katalanische Kompanie ist als das erste Söldnerheer der Neuzeit in die Geschichte eingegangen. In Dienst genommen hatte sie Peter III. von Aragon, um mit ihrer Hilfe den Besitz von Sizilien gegen Karl von Anjou zu verteidigen. Zwei Jahrzehnte hatte sie den aragonischen Königen gedient, als die verwilderte, zügellose Bande begann, diesen lästig zu werden. Friedrich III. von Sizilien (1296–1337) war erleichtert, als er sie 1302 an Andrónikos II. nach Byzanz vermitteln konnte. Die Kompanie, die hauptsächlich aus Katalanen, Aragonesen und Sizilianern bestand, zählte damals etwa 1500 gepanzerte Reiter und 5000 Mann Fußtruppen. Andrónikos setzte sie zunächst gegen seine gefährlichsten Gegner, die Türken, ein. Die kriegserfahrene Kompanie zeigte sich auch diesem Feind gewachsen und eroberte in kurzer Zeit große Teile der kleinasiatischen Provinzen zurück. Aus Furcht, sie könnten sich eigenmächtig und auf Dauer darin niederlassen, verlegte er sie nach Thrakien, um sie dort gegen die Bulgaren einzusetzen. Aber auch damit war das Problem auf die Dauer nicht gelöst. Die Kompanie hatte ihr Standquartier in Gallipoli am Marmarameer und bildete dort gleichsam einen Staat im Staate, der jederzeit zur akuten Gefahr werden konnte, wenn es zu einem Zerwürfnis mit dem Kaiser kam. Um diese Bedrohung auszuschließen oder zu verringern, kam der Kaiser auf den verhängnisvollen Gedanken, Roger de Flor, den Führer der Kompanie, ermorden zu lassen. Aber damit löste er genau das aus, was er hatte verhindern wollen. Die aufs schwerste provozierte Bande erhob sich sofort zu offenem Aufruhr, und da sie die befestigte Hauptstadt nicht erobern konnte, ließ sie ihre Wut am offenen Lande aus, das sie raubend und plündernd durchzog. Zuletzt waren Thrakien und Makedonien die Stätten ihrer Greuel und Verwüstungen. Und dabei traf es auch den Athos, in dessen Klöstern mehr als anderswo reiche Beute zu finden war. Die Mönche waren der wilden, räuberischen, vor nichts zurückschreckenden Bande in keiner Weise gewachsen und bezahlten Widerstand wie Ergebung gleichermaßen mit dem Tode. Viele von ihnen sollen damals ihre Klöster verlassen haben und geflohen sein. Wie lange die Agonie des Athos dauerte, wissen wir nicht, vielleicht Wochen, vielleicht Monate. Später zog die Kompanie nach Süden weiter, wo es ihr in Böotien gelang, in einer spektakulären Schlacht die gesamte fränkische Ritterschaft des Herzogtums Athen innerhalb weniger Stunden zu erschlagen, so daß sie das verwaiste Herzogtum selbst übernahm, um in den nächsten Generationen in Griechenland den eigentlichen Höhepunkt ihrer Geschichte zu erleben.

Die Besetzung der Halbinsel durch die Katalanische Soldbande ist die größte Katastrophe in der Geschichte der Athos-Klöster gewesen. Keine andere hat ihr auch nur entfernt solche Opfer an Gut und Blut abgefordert. Die Schäden durch Zerstörung und Plünderung waren enorm. Vieles werden die Briganten aus reiner Willkür einfach angezündet haben. Wertgegenstände wurden in Massen abtransportiert. Kaiser Andrónikos II. hat nachher das Seine versucht, die Schäden und Verluste zu mildern. Auch wissen wir aus der Geschichte, daß solche Zeiten äußerster Vernichtung einen ungeheuren Aufbauwillen auslösen können.

Der Einfall der Katalanen erfolgte 1307. Die lange Regierungszeit Andrónikos' II. dauerte danach noch über zwanzig Jahre, Zeit genug, die Katastrophe weitgehend auszugleichen. Es wurden nicht nur die Gebäude wiederhergestellt und geraubte Wertgegenstände ersetzt, sondern die Klöster auch mit neuen Donationen ausgestattet. Vor allem war wichtig, daß die Geflohenen zurückkehrten und die Klöster sich wieder normal bevölkerten.

Eine wichtige administrative kirchenpolitische Maßnahme erfolgte 1312, als Kaiser Andrónikos den heiligen Berg dem Patriarchat unterstellte, ein Datum, das die Athoniten nicht mit Begeisterung nennen. Die Absicht war, das Mönchsland und seine nicht immer stabilen inneren Verhältnisse einer stärkeren kirchlichen Kontrolle zu unterwerfen und gleichzeitig stärker an die Reichskirche zu binden. Der Zeitpunkt der Änderung war nicht schlecht gewählt. Hundert Jahre früher hätte sie einen Aufruhr hervorgerufen. Jetzt, infolge der Depression nach der katalanischen Besetzung, wurde sie stillschweigend hingenommen.

Nach dem Tode Andrónikos' II. erstand den Athos-Klöstern ein neuer großer Gönner in dem Serbenkönig Stephan Duschan (1331–55). Er unterstützte ein ganzes Dutzend griechischer Klöster genau so großzügig wie die slawischen, aber am meisten natürlich das serbische Nationalkloster Chilandári.

Donatoren aus der Walachei stifteten die Mittel, mit denen das Kloster Koutloumousíou völlig restauriert werden konnte. Und schließlich gab es noch einmal vier Neugründungen: Grigoríou, Símonos Pétra, Pantokrátoros und Dionysíou, alles Klöster, die bis heute fortdauern. Damit war die Gesamtzahl auf fünfundzwanzig angewachsen.

Aber dieser äußeren Blüte folgte ein starker innerer Umschlag, nämlich der Übergang einer steigenden Zahl von Klöstern zur Idiorrhythmie. Was sie im einzelnen bedeutet, haben wir o. S. 19 ff. schon dargestellt: Aufhebung des Gelübdes der Armut, Zulassung von persönlichem Besitz und damit Einführung des Unterschiedes von Arm und Reich; Aufhebung der gemeinsamen Mahlzeiten und starke Lockerung der Bußdisziplin, indem nun jeder sowohl den Weg als vor allem auch das Maß seiner Askese selbst bestimmt; in der Verfassung der Klöster Aufhebung der autoritativen Abtmonarchie zugunsten der Aufsicht und Verwaltung durch ein gewähltes Komitee, womit zugleich auch das Gelübde des Gehorsams stark aufgeweicht war. Die Kinoviten wollten den Idiorrhythmikern den Mönchstitel überhaupt nicht zugestehen und verspotteten sie als Halbmönche.

Die Einführung der Idiorrhythmie, die das Mönchsleben wesentlich erleichterte, hatte wohl den Effekt, daß neue Scharen auf den Athos strebten. Aber sie bedeutete den Sieg der menschlichen Schwäche und eine gravierende Herabsetzung des Askesegedankens. Er wurde dafür um so entschiedener festgehalten und intensiviert in der Bewegung des Hesychasmus. Das Patriarchat ist zu allen Zeiten gegen die Idiorrhythmie gewesen, hatte aber trotz der Regelung von 1312 (s. o.) nicht die Möglichkeit eines direkten Eingriffs. Jedes Kloster war in der Regelung seiner inneren Angelegenheiten selbständig. In einem Sigíllion von 1498, das an alle Äbte und Mönche des Athos gerichtet war, tadelte Patriarch Joakim I. ihre Nachlässigkeit und Trägheit und ihre vielen Übertretungen der Mönchsregel und stellte ihnen göttliche Strafe in Aussicht.

Erst im 19. Jh. ging die Idiorrhythmie immer stärker zurück, aber erst in unserem Jahrzehnt fand sie ein allgemeines Ende. Ob diese generelle Rückkehr zum Kinóvion definitiv oder nur vorübergehend ist, können erst die kommenden Jahrzehnte erweisen.

Die Türkenzeit

Kaiser Johannes VIII. Paläológos (1425–48) unternahm einen zweiten Versuch zur Kirchenunion, um das Reich, das inzwischen nur noch wenig mehr als die Hauptstadt umfaßte, mit abendländischer Hilfe vor der immer höher steigenden Türkenflut zu retten. 1439 fand in Florenz das zweite Unionskonzil statt. Im Juli erschien die abschließende Bulle Papst Eugens IV. mit den schönen Anfangsworten *Es freuen sich die Himmel*, die auch von zwei Athos-Klöstern, Megísti Lávra und Vatopédi, unterzeichnet wurde, während die anderen sich weigerten. Aber der Versuch war vergeblich. Die Christen des Abendlandes halfen danach dem um seine Existenz kämpfenden Byzanz so wenig, wie derzeit die Moslems den Bosniern helfen. 1453 fand mit der Eroberung Konstantinopels durch Mechmed II. das Byzantinische Reich nach einer 1100 Jahre währenden Geschichte sein Ende.

Aber als Konstantinopel fiel, waren die Athoniten schon seit fast einem Vierteljahrhundert türkische Untertanen, denn Thessaloniki und mit ihm der Athos war schon 1430 von Murad II. (1421–51) erobert worden. Die Mönche scheinen ihn schon vor der Besetzung mit geschickter, realistischer Diplomatie ihrer Unterwerfung versichert zu haben und retteten damit ihr Leben, ihren Besitz und ihre Unabhängigkeit: religiöse Freiheit und Selbstverwaltung. Aber es blieb ihnen natürlich nicht erspart, Tribut zu entrichten. Nach dem Fall Konstantinopels beeilten sie sich, auch dem neuen Sultan, Mechmed dem Eroberer, durch eine Gesandtschaft ihre Ergebenheit zu bekunden. Gegen Zahlung einer großen Geldsumme ließ er sich herbei, ihre Unabhängigkeit und ihre Rechte zu bestätigen.

Es wurde schon gesagt, daß die Sultane für die religiösen Gebräuche und das geistige Leben ihrer nichtmoslemischen Untertanen keinerlei Interesse aufbrachten. Solange sie, wie Juden und Christen, einer Buchreligion angehörten, ließen sie sie im allgemeinen unbehelligt. Besonders galt das für die Klöster. Amand de Mendieta macht die psychologische Bemerkung, wenn die Sultane die Unabhängigkeit und Rechte des heiligen Berges respektierten, so zum Teil vielleicht aus abergläubischer Furcht vor ihren übernatürlichen Kräften und vor der Macht ihrer Gebete. Zumindest waren sie sich bewußt, daß auf dem Athos ununterbrochen der Name Gottes angerufen wurde.

Die Athoniten mußten natürlich auch einen türkischen Gouverneur (Kaimakám) und eine türkische Besatzung in Karyés aufnehmen. Aber ihre Herren hielten sich an die geheiligten Regeln. Nicht einmal der Aga brachte Frauen in das für sie verbotene Land. Der Verzicht auf weibliche Haustiere war, damit verglichen, bereits nur noch eine Kleinigkeit. So ist die Türkenzeit für die Athoniten bis zum Ausbruch des griechischen Freiheitskriegs 1821 keine Kampfzeit gewesen. Ihre Religion, ihre Rechte und Vorrechte erlitten keine direkte Beeinträchtigung. Die Türken waren, wie es scheint, vor allem an einem interessiert, an der Besteuerung. Sie traf die einzelnen Klöster verschieden hart, d. h., sie verfügten über verschieden große Ressourcen, sie abzuleisten. Aber da sie mit der Zeit auf das Zehnfache stieg, war schließlich ein Großteil der Klöster finanziell ruiniert. Sie waren gezwungen, bei Juden in Thessaloniki teure Kredite aufzunehmen, und gerieten dadurch in immer ärgere Verschuldung. Aber das waren erst Stadien späterer Entwicklung.

Zunächst standen noch Fragen des geistlichen Lebens im Vordergrund, vor allem das Problem der Idiorrhythmie. Das Weihnachtsfest des Jahres 1573 verbrachte Patriarch Jeremia II. in Thessaloniki. Diese Gelegenheit benutzten die Kinoviten, ihm eine Gesandtschaft zu schicken mit der Bitte, dem weiteren Vordringen der Idiorrhythmie Einhalt zu tun. Jeremia, der als Ökumenischer Patriarch sich nicht verwickeln und keine eigene Untersuchung führen wollte, obwohl er dem heiligen Berg so nahe war, forderte den Patriarchen Silvester von Alexandria auf, die Verhältnisse auf dem Athos zu inspizieren, sich mit den Äbten zu beraten und gemeinsam mit ihnen ein neues Typikón zu erarbeiten. Die Zustände, die Silvester vorfand, waren so unrühmlich und verkommen, wie sie es bis dahin noch niemals gewesen waren. Überall hatte sich die Idiorrhythmie verbreitet, die alte strenge Mönchsweise war nur noch ganz vereinzelt zu finden. Die Klöster waren bereits in großer finanzieller Bedrängnis und die Mönche gezwungen, sich selbst zu erhalten, und zwar durch Handel außerhalb der Halbinsel. Das hatte nach und nach alle Restriktionen zu Fall gebracht. Mönche und Priester bewegten sich zwischen dem heiligen Berg und der Außenwelt nach Belieben hin und her. Statt Gebet, Meditation und Schweigen waren Gerede, Klatsch, Verleumdung und Streitereien die mönchischen Lebensformen geworden. Viele hatten zu trinken angefangen. Kinder und Jugendliche gab es allenthalben ohne Befremden. Auf den Wiesen grasten die verbotenen Kühe.

Im September 1574 – daß in Europa inzwischen die Reformation stattgefunden hatte, scheint auf dem Athos niemand bemerkt zu haben – veröffentlichte Patriarch Jeremia das von Silvester vorgeschlagene Typikón.

Der Patriarch erinnerte die Mönche zunächst an die Grundsätze monastischen Lebens: Liebe, Güte, Friede, Gemeinschaft. Dann ging er ins einzelne.

Die Anwesenheit von Jugendlichen auf dem Athos ist unter keiner Bedingung zulässig, sei es aus Verwandtschaft, sei es zur Erziehung, sei es selbst zur Ausbildung als Mönch.

Alle Laienarbeiter, die länger als drei Jahre auf dem heiligen Berg gelebt haben, müssen entweder Mönche werden oder den Athos verlassen.

Alle weiblichen Haustiere, gleichviel, ob sie Laien oder Mönchen gehören, sind vom heiligen Berg zu entfernen.

Mönchen ist es strengstens verboten, auf dem Athos Schnaps *(raki)* zu destillieren oder zu trinken, denn das ist die Quelle vieler Übel.

Mönche dürfen sich keinem Gerede, keiner Verleumdung und Beschimpfung ihrer Nachbarn ergeben. Streitfragen müssen gütlich, nach den Gepflogenheiten der Kirche, geregelt werden.

Kellioten ist es nicht erlaubt, den Athos zu verlassen und fremde Gemeinden aufzusuchen, um dort Hilfe für sich zu erbetteln. Nur den großen Klöstern ist es erlaubt, Sammler auf Kollekte zu schicken, um Beiträge zur Tilgung ihrer drückenden Schulden zu erbitten.

Es ist verboten, Dokumente zu fälschen, die mit Kauf, Verkauf, Schenkung oder ähnlichem zu tun haben.

Die Aussaat von Weizen und Gerste auf dem Athos ist verboten. Der Anbau von Gemüse ist erlaubt. Der Export von Nüssen zum Verkauf ist nicht erlaubt.

Für Nüsse, Kirschen und Olivenöl werden die Preise festgesetzt. Die Standard-Maßgefäße werden in der Protátonkirche aufbewahrt.

Handel mit Mönchskleidung zum Zweck des Geldverdienens ist verboten.

Patriarch Silvester war es bei seiner Visitation des Athos zwar gelungen, die beiden wichtigsten Klöster, Megísti Lávra und Vatopédi, zur kinovitischen Lebensform zurückzubringen, für einige Zeit, aber sonst breitete sich die Idiorrhythmie immer weiter aus, trotz des strengen Typikóns Jeremias II. und der darin angedrohten göttlichen Strafen. Anfang des 18. Jhs. waren alle großen Klöster idiorrhythmisch. In Zeiten wirklicher Not war die idiorrhythmische Elastizität natürlich sehr hilfreich, ja man hat gesagt, ohne diese laxere Form hätte das Mönchtum die härtesten Zeiten vielleicht gar nicht überlebt.

Aber es trat im 16. Jh. doch auch eine Reaktion ein, die eine neue, bis heute fortdauernde monastische Lebensweise aufbrachte, die Skiten. Mönche, die der strengen Tradition treu bleiben wollten, traten aus den Klöstern aus und schlossen sich zu kleinen Siedlungen zusammen, wo sie zwar getrennt wohnten, aßen und arbeiteten, aber in der zentralen Kirche, dem Kyriakón, gemeinsam beteten, kommunizierten, sangen und feierten. Die älteste Skiti wurde 1572 gegründet und existiert noch heute, in einer paradiesischen Natur. Sie heißt Ajía Anna, denn sie ist der Großmutter Jesu geweiht, von der sie auch den linken Fuß besitzt.

So hart die Klöster auch von den Türken bedrängt wurden, wobei es zuweilen vorkam, daß auf Protest gegen Übergriffe die Sultane gegen ihre eigenen Steuereinnehmer einschritten, so hatten sie doch auch jetzt immer noch und nun um so verdienstvollere Wohltäter. Es waren die großzügigen, ja opferbereiten Fürsten der Donauländer Moldau und Walachei, des späteren Rumänien. Sie waren selbst türkische Untertanen und übernahmen jetzt die Rolle der byzantinischen Kaiser und russischen Zaren, stifteten Gelder, kostbares Kirchengerät, liturgische Gewänder, Reliquien und Reliquiare, vor allem aber machten sie Landschenkungen.

Eine andere Einnahmequelle waren die griechischen Pilger, die in der Türkenzeit in großen Scharen auf den Athos kamen und natürlich ihren Obolus entrichteten. Aber sie besuchten immer nur einige wenige große Klöster.

Eine weitere Einnahmequelle waren die Kollekten, die von den ausgesandten Sammelmönchen zusammengebracht wurden. Sie durchzogen die ganze orthodoxe Welt, blieben manchmal zwei Jahre und länger fort und waren oft sehr erfolgreich, besonders in Rußland, wo man sie immer bereitwillig aufnahm und wo ihnen besonders auch die Zaren selbst große Geschenke machten. Alle vier oder fünf Jahre war es ihnen erlaubt, die Gaben der russischen Gläubigen in Empfang zu nehmen. Daß diese den russischen Mönchen gegenüber besonders freigebig waren, versteht sich von selbst.

Später, in der ersten Hälfte des 18. Jhs., kamen die Kollektoren auf eine Idee, die den Erfolg ihrer Sammeltätigkeit noch bedeutend erhöhte. Der Zar erlaubte ihnen, in größeren Zeitabständen seltene Reliquien, wie z.B. Splitter und Stücke vom Kreuz Christi, mit nach Rußland zu bringen, wo dann die Frommen mit ihren Spenden nicht sparten. Auch in der Moldau und Walachei waren diese Reliquienreisen sehr ertragreich. Aber der Ertrag kam nicht den Klöstern zugute, sondern ihren Gläubigern. Die Klöster waren gezwungen, Kirchensilber und kaiserliche Geschenke an die „Heiden" zu verkaufen, um ihre Zinsschulden zu tilgen.

Wir berichteten schon, daß das Kloster Megísti Lávra 1623 nur noch fünf bis sechs Mönche zählte. Eine der schlimmsten Zeiten waren die Jahrzehnte des Krieges in Kreta (1645–69), in dem Osmanen und Venezianer um den Besitz der Insel kämpften, einer der verlustreichsten und sinnlosesten Kriege, die die europäische Geschichte kennt. Er kostete die Republik Venedig die ungeheure Summe von hundertfünfzig Millionen Dukaten und den Sultan noch einiges mehr. Um diese Gelder ein Vierteljahrhundert lang aufzubringen, wurde auch der Athos aufs schwerste besteuert. Sein besonderes Unglück war es, daß die Venezianer, die mit ihrer Flotte die See beherrschten, ihn auch ihrerseits aushoben. Ein regelrechtes Verhängnis traf das Kloster Ivíron. Als der Sultan erfuhr, daß es Tribut an die Venezianer gezahlt hatte, klagte er es des Verrats an und erlegte ihm eine Buße von achttausend Talern auf, eine Summe, deren Höhe man ermißt, wenn man bedenkt, daß die Steuer, die der Athos 1678 insgesamt an die Türken abzuführen hatte, siebzehntausend Taler betrug.

In der zweiten Hälfte des Jahrhunderts trat im ganzen jedoch eine deutliche Besserung ein, besonders in den Gebieten, die Eigenverwaltung besaßen, wie dem Athos und dem Pélion. Ein beredtes Zeichen sowohl des wirtschaftlichen wie des künstlerischen Aufschwungs sind die kostbaren Bilderwände, die damals in vielen Kirchen entstanden (s. o. S. 102).

Aus dem Ende des Jahrhunderts ist mit besonderem Nachdruck die Reform des Patriarchen Gabriel IV. zu erwähnen, die bleibende Veränderungen in die Geschichte des Athos eingetragen hat. Gabriel IV. führte mit seinem Typikón von 1783 die Form der Regierung und Verwaltung des Athos ein, die bis heute gültig ist. Er schuf die beiden Instanzen der Ierá Kinótis und der Ierá Epistasía, die die Mönchsrepublik zuoberst verwalten. Wir brauchen die Einzelheiten hier nicht zu wiederholen, der Leser findet sie o. S. 30 ff. In diesem Typikón von 1783 wurde auch die Zahl der Klöster auf zwanzig festgesetzt, wie es seither unverändert und vor allem unveränderlich gilt.

Eine unmittelbare Folge der Reform Gabriels war, daß das Kloster Xenophóntos schon ein Jahr später zur kinovitischen Form zurückkehrte. Zwischen 1787 und 1805 folgten fünf weitere Klöster, darunter die wichtigen Panteleímonos und Dionysíou. Vier weitere folgten 1813 und im Jahrzehnt von 1839–1849. Wir sehen, wie das geistliche Leben des Athos sich sammelt und wiederbelebt. Dasselbe gilt für die Skiten, vielmehr müssen wir genauer sagen: sie waren ja aus Protest gegen die Idiorrhythmie und zur strengen Befolgung der kinovitischen Regel entstanden und setzten nun diese Tradition bei wachsenden Mönchszahlen lebendig fort.

Aber auch die wirtschaftliche Situation der Klöster hatte sich nach 1800 entscheidend gebessert. Nicht nur brachten die Kollekten wachsende Summen ein, viel wichtiger war, daß die Erträge aus dem großen Landbesitz der Klöster in der Moldau und Walachei, in Bessarabien, Georgien und Rußland wieder in nennenswertem Umfang und regelmäßig eingingen. Viele Klöster konnten sich dadurch völlig entschulden und auch den längst fälligen Wiederaufbau beginnen.

Dann trat durch den Ausbruch des griechischen Freiheitskrieges wieder ein Jahrzehnt großer Störungen ein.

Im griechischen Freiheitskrieg

Der griechische Freiheitskrieg, lange und im geheimen vorbereitet, wurde am 25. März 1821, dem Fest von Mariä Verkündigung, das seither griechischer Nationalfeiertag ist, von Erzbischof Gérmanos von Patras im Kloster Ajía Lávra bei Kalávryta auf dem Nordpeloponnes feierlich ausgerufen. Als er auch auf Makedonien übergriff, war die Meinung der Athoniten geteilt. Für die jungen Mönche gab es kein Zweifeln und Zögern, daß es für sie als Griechen und Christen Pflicht sei, die Waffen gegen die Türken zu ergreifen. Sie beriefen sich zudem auf die vermeintlich große Sicherheit der Halbinsel. Die griechischen Schiffe beherrschten das Meer, von dem her also kein Angriff zu befürchten war. Auch waren fast alle Klöster wohlbefestigt, einige verfügten sogar über Kanonen. Außerdem war die Halbinsel nur durch einen schmalen Isthmus mit dem Festland verbunden, so schmal, daß er mit geringer Mannschaft auch gegen eine große Übermacht sicher zu verteidigen war.

Die Älteren, die die Wechselfälle des Krieges bedachten und daß Besitz, Selbständigkeit und Freiheit auf dem Spiele standen, die bedachten, daß die Türken die Sonderrechte und den Sonderstatus des Athos immer respektiert hatten und es daher wenig Grund gebe, gegen sie zu revoltieren, lehnten eine Beteiligung ab. Partei zu ergreifen war eine Entscheidung mit sehr unsicherem Ausgang, dagegen bestand nur sehr geringes Risiko für den Fall, daß man neutral blieb.

Im Herbst 1821 kamen die Obersten der vier Hauptklöster Megísti Lávra, Vatopédi, Ivíron und Chilandári im Kloster Esphigménou zusammen, um die Lage und Frage zu beraten. Sie beschlossen, am bewaffneten Kampf gegen die Türken teilzunehmen, und wählten Emmanuel Pappas aus Serres als den Truppenführer, dem sie sich anschließen wollten. Am 12. November wurden die griechischen Aufständischen auf der Kassándra entscheidend geschlagen. Die athonitischen Freiheitskämpfer zogen sich daraufhin an den Isthmus zurück, um hier den Türken das Vordringen auf den Athos zu verwehren. Aber die griechische Disziplinlosigkeit, die ihnen in diesem Krieg noch so viele Dispositionen, Pläne und Schlachten verderben sollte, entschied auch hier. Streitigkeiten unter Soldaten wie Kommandanten vereitelten die erforderliche Koordination. Ein Teil der von der Kassándra Geflohenen, aber auch zahlreiche Mönche der Klöster und auch Pappas selbst verließen den Athos und brachten sich auf den griechischen Inseln in Sicherheit, nicht ohne zahlreiche Schätze und Wertstücke, ja selbst Ikonen mitzunehmen.

Einige Klöster richteten sich auf Widerstand und Verteidigung ein, aber die meisten sahen mehr Sinn darin, sich zu ergeben. Im Namen des gesamten heiligen Berges boten sechs Klöster dem Pascha der Kassándra ihre Unterwerfung an. Am 28. Dezember 1821 rückten dreitausend türkische Soldaten auf dem Athos ein, ohne auf irgendwelchen Widerstand zu stoßen, und besetzten sämtliche Klöster. Zwölf Geiseln waren zu stellen, die nach Istanbul gesandt wurden. Die Ierá Kinótis erklärte in aller Form die bedingungslose Übergabe des Athos an den Sultan und sagte sich von ihrem Militärführer los.

Die türkische Besatzung bescherte dem Athos harte Zeiten. Nicht nur waren die Strafmaßnahmen der osmanischen Regierung einschneidend, u. a. erlegte sie dem heiligen Berg eine Sondersteuer von eineinhalb Millionen Piastern auf, zusätzlich leisteten sich die türkischen Soldaten auch schwere Übergriffe. Es kam zu Bränden, Zerstörungen, Plünderungen. Viele Wertstücke wurden geraubt, viele Handschriften sollen damals zerstört worden sein. Für den Athos waren in gewisser Weise die Zeiten der Katalanischen Kompanie zurückgekehrt, nur dauerten sie viel länger. Die türkische Besatzung blieb nicht einige Monate, sondern zehn Jahre. Die Mönche verließen scharenweise ihre Klöster und Skiten. Ihre Gesamtzahl belief sich 1826 auf nicht mehr als fünfhundertneunzig.

Nach dem Abzug der türkischen Besatzung 1830 erholten
sich die Klöster ziemlich schnell. Viele Mönche kehrten
zurück oder traten neu ein, die Bauten wurden renoviert, im
großen und ganzen traten wieder normale Zustände ein. Aber
dann brach, ab 1840, ein neuer, ganz anderer Krieg aus, der bis
1917 andauern sollte, die Auseinandersetzung zwischen Griechen und Russen. Wir haben gesehen, daß es schon im 10.
und 11. Jh. fremdländische Klöster auf dem Athos gab. Wir haben aber auch gehört, mit welchen Mitteln Patriarch
Kallistos II. es schon im 14. Jh. unternahm, das alte Kloster
der Georgier, Iviron, zu gräzisieren.

1489 gab es fünf Klöster, die serbisch waren. 1513 hatten
sieben Klöster slawische Äbte. Aber das hatte zu keinen wirk-
lichen Auseinandersetzungen geführt. Auch kehrten die meisten dieser slawischen oder slawisch geführten Klöster in griechischen Besitz zurück. 1840 gab es nur noch drei slawische
Klöster: Chilandári war serbisch, Zográphou bulgarisch, Panteleímonos russisch. Dazu kam noch die rumänische Skiti Johannes' des Täufers Aj. Prodrómou, die zum Kloster Megísti
Lávra gehörte. Mit den drei anderen Nationen konnten die
Griechen sich verständigen, aber mit den Russen gerieten sie
in Konfrontation.

Die Zaren, als Herrscher über die größte orthodoxe Bevölkerung, betrachteten sich als Beschützer der Orthodoxie überhaupt, wobei ihr ganz besonderes Interesse dem Athos gelten
mußte als einer nirgends sonst zu findenden Konzentration
orthodoxer Tradition und Gegenwärtigkeit, dem sie ja auch
schon seit Jahrhunderten ihre Großzügigkeit zugewandt hatten. So wuchs nach 1830 im Lauf der Jahrzehnte die russische
Präsenz auf dem Athos immer stärker an, bis in den siebziger
Jahren die Zahl der russischen Mönche und russischen Pilger
in die Tausende ging. Dabei besaßen die Russen nur ein einziges Kloster, Panteleímonos. Wir haben schon berichtet
(o. S. 52), wie ihr Versuch, die große Skiti Aj. Andréas in der

Nähe von Karyés, die nach Bauten, Mönchszahl, Regel und Leitung ganz einem kinovitischen Kloster entsprach, in den Status eines solchen zu erheben, scheiterte. Die Griechen, die im Rat der Ierá Kinótis siebzehn von zwanzig Stimmen besaßen, hatten panische Angst davor, den Russen, die nur über eine einzige verfügten, eine zweite zuzugestehen. Uns ist eine solche Ängstlichkeit nicht recht verständlich, so wenig wie uns heute die griechische Reaktion zum Thema des jugoslawischen Makedonien verständlich ist. Immerhin sahen sie sich damals Größenordnungen gegenüber, denen ihre eigenen in keiner Weise gewachsen waren. Die Finanzmittel des russischen Klosters und der beiden großen russischen Skiten Aj. Andréas und Prophítis Ilías waren unerschöpflich. Ihnen unterstanden 34 Kellíen, einige davon so groß wie Skiten, und 187 Einsiedeleien. Die Zahl der russischen Mönche überstieg die der griechischen. 1903 war das Verhältnis 3496:3276. Die Zahl der russischen Pilger ging in die Tausende. Sie wurden von Odessa auf eigenen Schiffen, die dem Kloster Panteleímonos gehörten, zum Athos gebracht. (Hierin hatte der dänische Pastor von Tjaerborg, einer der größten Touristikunternehmer Skandinaviens, seine geistlichen Vorgänger.) Sie wurden im Kloster und den beiden Skiten untergebracht, die Raum für Hunderte boten, aber sie überschwemmten auch Karyés und viele griechische Klöster. Mit ihnen kamen Hunderte von russischen Bettelmönchen, die die Spendenfreudigkeit der Pilger ausnutzen wollten. Das alles bescherte dem heiligen Berg völlig ungemäße, tumultuarische Zustände. Die Furcht der Griechen war nicht die, in der Ierá Kinótis überstimmt zu werden, sondern die, von der russischen Quantität, der finanziellen und personellen, überschwemmt und beiseite gesetzt zu werden. Die russische Revolution vom Oktober 1917 machte diesem griechischen Alptraum ein Ende.

Der Athos 1912–1939

Die Türkenherrschaft endete für den Athos überraschend schnell und fast vollkommen friedlich. Im Oktober 1912 brach der Erste Balkankrieg aus, in dem eine Allianz von Griechenland, Serbien, Bulgarien und Rumänien gegen die Türken kämpfte. Am 2. November ging der griechische Kreuzer „Averoff" zusammen mit drei kleineren Flotteneinheiten auf der Reede von Dáphni vor Anker. Siebzig Matrosen wurden ausgeschifft, zogen nach Karyés hinauf, nahmen den Kaimakám und die türkische Besatzung gefangen und führten sie auf die Schiffe. Und das war es bereits. Glockengeläut und Fahnenhissen war alles, was die Mönche beizusteuern hatten.

Der Londoner Konferenz (Dez. 1912–Mai 1913), die die Resultate und Konsequenzen des Ersten Balkankrieges zu verhandeln hatte, wurden für den Athos zwei Vorschläge vorgelegt, der eine, daß der heilige Berg Griechenland unterstellt werden sollte, der andere, daß er von einer internationalen Kommission aus Vertretern aller orthodoxen Länder verwaltet werden sollte. Dieser zweite Antrag wurde besonders von Rußland favorisiert, denn es hätte in einer solchen Kommission sehr bald den bestimmenden Einfluß gewonnen. Die Konferenz konnte sich zu keiner der beiden Lösungen entschliessen. So blieb es beim Status quo, der Athos behielt seine Unabhängigkeit.

Die russische Oktober-Revolution von 1917 schnitt die russischen Mönche auf einen Schlag von der heimatlichen Unterstützung ab, ja ihr ganzer Landbesitz in Rußland und Georgien wurde beschlagnahmt. Dieser finanzielle Abbruch war definitiv. Aber personell erhielten die Russen zunächst noch großen Zuzug. Viele russische Flüchtlinge, darunter zahlreiche zaristische Offiziere, suchten Zuflucht auf dem Athos und bevölkerten nicht nur Klöster und Skiten, sondern auch und vor allem viele der Kellíen.

Im Ersten Weltkrieg blieb der Athos zunächst von allem militärischen Geschehen verschont, bis er Anfang 1917 von

Russen, Engländern und Franzosen besetzt wurde, da er als Stützpunkt im östlichen Mittelmeer von großer Bedeutung werden konnte. Diese Besetzung durch die Entente ist bei den Mönchen nicht in guter Erinnerung. Sie sagen, daß damals viel Wertvolles an Kostbarkeiten und Handschriften verschwunden sei, obwohl man nicht recht sieht, wie es zugehen konnte. Die Franzosen schlossen ihrer Besatzung eine wissenschaftliche Expedition unter Leitung ihres großen Byzantinisten G. Millet an, um die Schätze des Athos aufzunehmen und zu erforschen.

Die russische Besatzung leistete im März im Kloster Panteleímonos den Eid auf die neue Regierung Kerenskij, um sich bereits im Juli vom Athos zurückzuziehen. Ein Teil von ihr blieb aber schon bei dieser Gelegenheit als Mönche auf dem heiligen Berg zurück. Die französische Besatzung dehnte ihre Anwesenheit bis 1919 aus, nicht zur Begeisterung der Athoniten.

Die eigentliche Verwicklung Griechenlands in das Weltkriegsgeschehen trat erst einige Jahre nach dessen Ende ein. Bei der Aufteilung des Osmanischen Reiches lag es für die Griechen nahe, sich einen großen griechischen Teil, zurückgehend auf antike wie byzantinische Zeiten, herauszuschneiden. Sie landeten, zunächst mit Unterstützung der Engländer und Franzosen, Truppen an der Westküste und drangen gegen Ankara vor. Da organisierte Kemal Mustafa, später Atatürk genannt, den türkischen Widerstand und lieferte den Griechen mehrere vernichtende Schlachten. Von den Engländern und Franzosen im Stich gelassen, mußten die griechischen Truppen Kleinasien räumen. Aber nicht nur sie, sondern die gesamte griechische Bevölkerung. Gebiete, die sie seit dem 8. Jh. v. Chr. mit berühmten Städtegründungen in Besitz genommen hatten, gingen innerhalb weniger Wochen unter zum Teil furchtbaren Opfern für immer verloren. Diese „kleinasiatische Katastrophe" von 1922 hatte für das nicht mit großen Gütern gesegnete griechische Mutterland die Konsequenz, daß es bei einer Bevölkerung von viereinhalb Millionen Einwohnern nahezu zwei Millionen Flüchtlinge aufnehmen mußte. Um die

Hunderttausende von Geflohenen, Ausgewiesenen und Umgesiedelten aufzunehmen, mußte zu den äußersten Notmaßnahmen gegriffen werden. Einige dieser Flüchtlingssiedlungen haben bis in die sechziger Jahre mitten in Athen bestanden.

Eine Notlösung, die sich unmittelbar anbot, war die, den ausgedehnten Landbesitz der Athos-Klöster (außerhalb der Halbinsel) zu beschlagnahmen, um Flüchtlinge darauf anzusiedeln. Natürlich sprach man nicht von Beschlagnahme, sondern von Pacht. Aber die Pacht stand in keinem realen Verhältnis zum Wert des betreffenden Landes. Der Staat besaß bei der ungeheuren Belastung die Mittel gar nicht. Später suchte man, die Sache auf korrektere Basis zu bringen. Der Wert des „gepachteten" Bodens wurde offiziell geschätzt und festgesetzt und danach die Pacht bezahlt. Aber zum einen lag die staatliche Bewertung des Landbesitzes weit unter seinem Realwert, und zweitens erfuhr die „Pacht" keine Anpassung an die ständige Inflation, die den Ertrag für die Athos-Klöster fortlaufend minderte. – Ihren Landbesitz in Kleinasien hatten die Klöster an die Türken verloren, den in Rußland und Georgien an die Bolschewisten. Nun war auch ihr Besitz im Mutterland praktisch enteignet. Seit dieser Zeit ist es um die Finanzen der Klöster schlecht bestellt. Sie verfügen nun, bis auf verstreuten Haus- und vielleicht auch Hotelbesitz in einigen größeren Städten, in der Hauptsache nur über ihren Grundbesitz auf dem Athos selbst. Dessen großer Reichtum sind die Wälder. Der Holzverkauf ist die größte und sicherste Einnahmequelle der Klöster. Von der Gefahr der „Überfällung" haben wir schon in der Einleitung gesprochen.

Im Vertrag von Lausanne 1923 wurden die politischen und geographischen Verhältnisse zwischen Griechenland und der Türkei und vor allem das große Problem des Bevölkerungsaustauschs international geregelt. Dabei wurde auch über den Athos verhandelt. Er wurde dem griechischen Staat zugeteilt, wurde griechisches Hoheitsgebiet, mit der ausdrücklichen Zusatzbestimmung:

Griechenland ist verpflichtet, die traditionellen Rechte und Freiheiten anzuerkennen und aufrechtzuerhalten, die die nicht-griechischen Mönchsgemeinschaften des Berges Athos genießen, gemäß den Bestimmungen von Artikel 62 des Berliner Vertrags vom 13. Juli 1878.

Diese Bestimmung des Berliner Vertrags, die in der Folge noch mehrmals auftaucht, lautet:

Die Mönche des heiligen Berges, welches auch immer das Land ihrer Abstammung ist, behalten ihre Besitzungen und ihre früheren Vorteile und genießen ohne jede Ausnahme unbedingte Gleichheit der Rechte und Vorrechte (Art. 62).

Nach dieser Regelung des Vertrags von Lausanne machten die Athoniten sich daran, eine neue Verfassung für ihre Gemeinschaft auszuarbeiten. Diese Verfassungsurkunde des heiligen Berges *(Katastatikós lógos)* von 1924 gilt mit nur wenigen Änderungen (s. u.) bis heute. In ihr haben die lange Geschichte, gegründet auf Erlasse der Kaiser, Patriarchen und Sultane, und Erfahrung der Mönche ihren Niederschlag gefunden. In ihr sind zum erstenmal alle Mönchsformen, die es auf dem Athos gibt, wie sie o. S. 17 ff. beschrieben wurden, durch Regelungen zusammengefaßt, die jede dieser Formen nach Status und Funktion genau bestimmt, so daß sie sich zu einem gemeinsamen Ganzen zusammenfügen. Das Dokument ist auch bestimmt von dem Anliegen, kinovitische und idiorrhythmische Klosterform miteinander zu versöhnen. Es erkennt auch die letztere als genuine Klosterform an, gibt jedoch der ersteren, der vom hl. Athanasios eingeführten Form, ausdrücklich den Vorzug.

Mit Erlaß der griechischen Regierung vom 10. September 1926 wurde der *Katastatikós Chártes* des Athos in die griechische Staatsverfassung übernommen, mit nur geringen Änderungen am Inhalt, aber mit einigen für die Athoniten wenig willkommenen Zusätzen. Der Staat macht seine Oberhoheit geltend durch Einsetzung eines Gouverneurs in Karyés im Range eines Präfekten (Regierungspräsidenten), der vom griechischen Außenminister ernannt wird und dem die gesamte Verwaltung untersteht. Zur Aufrechterhaltung oder, im Fall einer Störung, zur Wiederherstellung der Ordnung wird ihm ein Kontingent Gendarmerie beigegeben. Es besteht also hinfort neben der eigenen Polizeitruppe auch eine staatliche auf dem Athos.

Der Berliner Kongreß und der Vertrag von Lausanne hatten die fremdländischen Mönchsgemeinschaften des Athos ausdrücklich unter Schutz gestellt, aber die Griechen waren nicht gewillt, sich an diese Bestimmung zu halten. Obwohl sie von den Russen nichts mehr zu befürchten hatten, war es ihr unverkennbares Ziel, nicht nur diese, sondern auch Bulgaren und Rumänen abzuwürgen. Weniger radikal gingen sie mit den Serben um. Den anderen wurde jeder Nachwuchs abgeschnitten. Novizen ließen die griechischen Behörden nicht einreisen, nicht einmal Pilger. Nach zähen und langwierigen Verhandlungen fanden sich die griechischen Chauvinisten, von Gemeinschaftssinn und christlicher Brüderlichkeit völlig verlassen, zu dem blamablen kleinlichen Zugeständnis bereit, Russen und Bulgaren je einen Novizen zu konzedieren. Gegen diesen borniertem, unchristlichen, vertragswidrigen Zustand legten die betroffenen Klöster mehrmals energischen Protest beim Völkerbund ein, ohne daß es in der Praxis etwas geändert hätte. So kam der Zweite Weltkrieg heran.

Der Athos in Welt- und Bürgerkrieg

Der Zweite Weltkrieg mit seinen ungeheuren Opfern und Zerstörungen in drei Erdteilen ging am stillen Winkel des Athos gnädig vorüber. Doch blieben Schrecken und Sorgen den Mönchen nicht erspart. – Um dem Freund Mussolini, der mit seinem Angriff auf Griechenland an der griechischen Gegenwehr gescheitert war, zu Hilfe zu kommen, ließ Hitler die Wehrmacht am 6. April 1941 in Griechenland einmarschieren, die schon drei Tage später Thessaloniki besetzte. Die Deutschen behielten die wichtige Hafenstadt und ganz Makedonien in ihrem Besitz, räumten jedoch Thrakien bis zum Strymon dem verbündeten Bulgarien ein. Die Bulgaren erreichten damit eine Position, die sie schon 1913 inne gehabt hatten und gewannen endlich wieder Zugang zum Meer. Ihr weiteres Ziel war jedoch die Besetzung Thessalonikis und Makedoniens, und damit auch des Athos. Zu Recht mußten die Mönche befürchten, unter bulgarische Herrschaft zu geraten, sei es noch während des Krieges, sei es bei der später erfolgenden Friedensregelung. Sie richteten daher am 26. April 1941 ein langes Schreiben an Hitler (abgedruckt bei Feigl S. 58 f.), in dem sie ihre Geschichte, ihren Sonderstatus und ihre Befürchtungen vortrugen und sich deutschem Schutz unterstellten. Unabhängig davon, ob Hitler diesen Brief jemals zu Gesicht bekam, ging ihr Wunsch in Erfüllung, und zwar auf durchaus schonende Weise. Die Deutschen, die dem Athos keine besondere strategische Bedeutung beimaßen, stationierten dort nur eine kleine Einheit ihrer Feldgendarmerie und eine Beobachtungsstation der Kriegsmarine. Die Abkommandierten haben sich, wie es scheint, weder Übergriffe noch auch nur Taktlosigkeiten zuschulden kommen lassen, sondern standen mit den Mönchen auf gutem Fuß. Auch waren die Athoniten deutschfreundlich, nicht zuletzt deshalb, weil sie den Krieg zwischen Hitler und Stalin für den zwischen Licht und Finsternis hielten. Außerdem entsandten die Deutschen im Sommer 1941 unter Leitung des großen Münchner Byzantinisten Franz Dölger eine sechsköpfige wissenschaftliche Expedition auf den Athos, mit dem Hauptziel, unbekannte Kunstschätze, Urkunden und illuminierte Handschriften zu bearbeiten und aufzunehmen. Aus den 1800 Leica-Aufnahmen der Expedition gingen die beiden wichtigen Werke Dölgers (als Herausgeber) hervor: *Mönchsland Athos*, München 1943, und *Aus den Schatzkammern des heiligen Bergs*, 2 Bde., München 1948. Auch die Teilnehmer dieser Expedition hatten sich der größten Zurückhaltung befleißigt.

Eine Leidenszeit bereiteten dem Athos nicht die deutschen Kommandos, sondern erst die Übergriffe der kommunistischen Partisanen. Als die Deutschen Ende Mai 1944 vom Athos abziehen, hinterlassen sie eine unkontrollierte Chalkídike, deren sich die Partisanen ohne Kampfhandlungen bemächtigen können. Am 19. Sept. besetzt ein Kommando der Nationalen Befreiungsarmee (ELAS) den Athos, setzt einen Administrator ein und fordert von den Klöstern Tribut. Am 1. November werden Gendarmen des heiligen Berges und einer seiner Mönche auf der Chalkidike erschossen. Diese Besetzung dauert bis Februar 1945, als es zwischen der Regierung Plastíras und den kommunistischen Partisanen vorübergehend zur Einigung kommt. Das Abkommen hält nur eine begrenzte Zeit. Am 14. November 1946 bricht der Bürgerkrieg aus (1946–49), der den Griechen schwere und grausame Opfer auferlegt. Ende April 1947 kehren die Partisanen auf den Athos zurück, besetzen Daphni und Karyés und bringen diesmal, um die Mönche gründlich zu provozieren, auch Frauen mit. Es kommt in der Folge zu zahlreichen Übergriffen und Brandstiftungen, ja, zur Plünderung mehrerer Klöster. – Als die Partisanen durch ihre Niederlage schließlich zum Abzug gezwungen sind, sollen sie nach Feigl (S. 62d) 250 Maultierlasten Kunstschätze vom Athos abtransportiert haben, die „später" ihren Weg in den Kunst- und Antiquitätenhandel gefunden hätten. Das wäre nun allerdings ein ungeheurer Aderlaß gewesen. Aber außer Feigl berichtet sonst keine andere Quelle von diesem Verlust. Auch fragt man sich, wie „später" – noch während oder erst nach dem verlorenen Bürgerkrieg? – ein Verkauf in welchen Kunsthandel stattgefunden haben kann. Sydney Loch, der in Ouranoúpolis die Vorgänge aus unmittelbarer Nähe verfolgte, berichtet nur (S. 226), daß im Dezember 1948 noch einmal ein schwerer Partisanenüberfall auf den Athos erfolgte, unter Teilnahme von 25 bewaffneten Frauen, daß Karyés besetzt wurde und es zu ausgedehntem Schußwechsel mit der Athospolizei kam. Schließlich seien die Partisanen unter Entführung großer Lebensmittelvorräte auf erbeuteten Maultieren und unter Mitnahme von 200 Stück Vieh wieder abgezogen.

Dann kehrte wieder Ruhe ein auf dem Athos, jedoch kein Friede. Der griechische Staat und besonders die Militärjunta (1967–74) betrachtet den heiligen Berg als museales byzantinisches Relikt, ohne aktuelle Bedeutung für das Land. Die eingesetzten Gouverneure sind gewöhnlich pensionierte Militärs, denen jede Affinität zu den Mönchen abgeht. Es kommt fortlaufend zu Provokationen von beiden Seiten.

Über das große Ereignis der Tausendjahrfeier 1963 und seine schlimmen Folgen haben wir schon berichtet.

Eine ganz neue Situation trat ein, als Griechenland 1981 in die EG aufgenommen wurde. Zu deren Grundsätzen gehört das Recht der freien Niederlassung. Das hätte nun den Athos seiner Eigenart beraubt. Es war von vornherein klar, daß er davon ausgenommen werden mußte. Aber die Aufmerksamkeit, die der Athos seitens der EG erhielt, ging doch viel weiter. 1988 war er unter Nr. 179 in die *World Heritage List* der UNESCO aufgenommen worden. Die Liste von 1990 verzeichnet in 73 Ländern 337 schützenswerte Denkmäler des Erbes der Welt. Davon sind 245 Kultur-, 78 Naturdenkmäler, 14 sind Kultur- und Naturdenkmäler. Dazu gehören der Athos und die Metéora.

Anfang September 1989 besuchte eine Gruppe des Europäischen Parlaments den Athos, um die erforderliche Finanzhilfe zur Restaurierung zu veranschlagen. Die EG-Kommission bewilligte daraufhin einen Betrag von 100000 ECU. Im ganzen wurde die notwendige Hilfe schon 1981 auf 160 Mill. DM geschätzt. Man dachte dabei nicht nur an die Restaurierung von Kirchen und Klöstern, Schatzkammern und Bibliotheken, sondern auch an die Erhaltung der zahlreichen Öl- und Weinpressen, Mühlen und Bootshäuser der verfallenden Kellíen. Der Athos wurde dabei sozusagen als partielles Freilichtmuseum angesehen. Inzwischen haben aber die Athoniten selbst einen ganz anderen Weg eingeschlagen. Zwar kehrten, wie wir schon hörten, mittlerweile alle Klöster zur kinovitischen Lebensform zurück, und das bedeutet eine Rückkehr zum echten Mönchtum. Auf der anderen Seite aber stehen die Zeichen ganz dezidiert auf Modernisierung: Elektrifizierung, Telekommunikation, Straßenbau, Technisierung. Die Klöster verfügen für die Seeverbindung über moderne schnelle Motorboote, für den Landverkehr über einen ganzen Park der verschiedensten Automodelle, bis hin zum automatischen Mercedesjeep einschließlich ferngesteuerter Garagentore. Die Mönche wollen auf der Höhe der Zeit sein. Die griechische Tageszeitung *Elevtherotypía* berichtete am 28. März 1994, daß inzwischen 115 offiziell registrierte Kraftwagen, Kennzeichen AO, auf dem Ajion Oros herumfahren. So haben sich wie überall sonst auf der Welt auch auf dem Athos innerhalb eines Menschenalters, seit 1963, die Verhältnisse grundlegend und unwiderruflich geändert. Man wird auf dem Weg der Technisierung und Naturzerstörung fortfahren. Bis man den Fehler bemerkt, ist es zu spät. Schon jetzt erscheint vieles Wichtige als irreparabel.

Bibliographie

Alexandros (Lazarides, Mönch von Meg. Lávra), Odegos Agiou Orous Atho. Athen 1957.

E. *Amand de Mendieta*, Mount Athos. The Garden of the Panaghia. Berlin – Amsterdam 1972 (das wichtigste und informativste Athos-Buch).

–, L'Art au Mont-Athos. Hg. Sot. Kadas. Thessaloniki 1977.

R. *Billetta* (Hg.), Der Heilige Berg Athos in Zeugnissen aus sieben Jahrhunderten. Mosaic Publications, Bd. 1–5. Wien – New York – Dublin 1992.

H. *Brockhaus*, Die Kunst in den Athos-Klöstern. Leipzig 1891; 2. erw. Aufl. Leipzig 1924.

C. *Cavarnos*, Anchored in God. Athen 1959.

I. M. *Chatzephotes*, E kathemerine zoe sto Agion Oros. Katerine 1989.

M. *Choukas*, Black Angels of Athos. London 1935.

P. *Chrestou*, To Agion Oros. Istoria, techne, zoe. Athen 1987.

–, Odoiporiko sto Agion Oros. Thessaloniki 1989.

Ch. *Dahm*, Athos, Berg der Verklärung. Offenburg 1959.

R. M. *Dawkins*, The Monks of Athos. London 1936.

F. *Dölger* (Hg.), Mönchsland Athos. München 1943, (immer noch eines der wichtigsten Athos-Bücher).

–, Aus den Schatzkammern des Heiligen Berges. München 1948.

–, Paraspora. Ges. Aufsätze. Ettal 1961.

J. Ph. *Fallmerayer*, Hagion Oros oder der Heilige Berg Athos. In: Fragmente aus dem Orient II. Stuttgart – Tübingen 1845; Neuausgabe mit Nachw. von F. Dölger. Wien 1949; Neuausgabe hgg. und kommentiert von Fr. R. Riedel. Bozen 1978.

E. Feigl, Athos. Vorhölle zum Paradies. Wien – Hamburg 1982.

F. Fichtner, Wandmalereien der Athosklöster. Berlin 1931.

E. R. Galbiati, Berg Athos. Die Klöster der Stille. Freiburg – Basel – Wien 1983.

G. Hofmann, Athos e Roma. In: Orientalia Christiana 5 fasc. 19 (1925) 137–184.

–, Rom und Athosklöster. In: ebd. 8 fasc. 28 (1926) 1–40.

–, Rom und der Athos. Briefwechsel. In: Orientalia Christiana Analecta 142. Rom 1954.

P. Huber, Athos. Zürich – Freiburg i. Br. 1969.

–, Heilige Berge. Zürich – Köln 1980.

S. Kadas, Der Berg Athos. Athen 1979 (der bestillustrierte Athos-Führer, zugleich mit einem informativen Text).

R. A. Klostermann, Probleme der Ostkirche. Göteborg 1955; darin: Aus der Umwelt des Athos S. 64–105.

Th. Kornaros, To Agion Oros. Oi agioi choris maska. Athen 1933; 4. Aufl. 1946.

Le Millénaire du Mont Athos, 963–1963. Études et mélanges. Bd. I u. II. Chevetogne 1963/65.

S. Loch, Athos. The Holy Mountain. London 1957.

Malerhandbuch des Malermönchs Dionysios vom Berge Athos, neu hgg. vom Slavischen Institut, München 1960.

Ph. Meyer, Beiträge zur Kenntnis der neueren Geschichte und des gegenwärtigen Zustandes der Athosklöster. In: Ztschr. f. Kirchengesch. 11 (1890), 395–435. 539–576.

–, Die Haupturkunden für die Geschichte der Athosklöster. Leipzig 1894; Nachdr. Amsterdam 1965.

R. Pabel, Athos, der Heilige Berg. München 1940.

Z. Papantoniou, Agion Oros. Athen 1934; 2. Aufl. 1960.

Ch. Patrineles u. a., Mone Stavronikita. Nationalbank von Griechenland 1974.

St. M. Pelikanides u. a., Oi Thesauroi tou Agiou Orous. Eikonographemena cheirographa. Bd. I Athen 1973; Bd. II–IV 1978 ff.

Ph. Sherrard, Athos, der Berg des Schweigens. Olten – Freiburg i. Br. 1959.

J. Smyrnakes, To Agion Oros. Athen 1903; Nachdr. Karyés

1992 (ein sehr materialreiches, aber unsystematisches, literarisch ungenießbares Buch).

S. P. Todorovich, The Chilandarians. Columbia Univ. Pr., New York 1989.

K. Weitzmann, Aus den Bibliotheken des Athos. Hamburg 1963.

– u. a., The Place of Book Illumination in Byzantine Art. Princeton Univ. Pr., Princeton 1975.

M. A. Willig, Athos – Der Heilige Berg von Byzanz. Würzburg 1985.

G. Wunderle, Aus der heiligen Welt des Athos. Das östliche Christentum 2. Würzburg 1937.

Ausgewählte Literatur zum Hesychasmus

H. Bacht, Das „Jesus-Gebet" – seine Geschichte und seine Problematik. Geist und Leben 24 (1951), 326–38.

H.-G. Beck, Kirche und theologische Literatur im byzantinischen Reich. 2. Aufl. München 1977.

H.-D. Döpmann, Die Ostkirchen vom Bilderstreit bis zur Kirchenspaltung von 1054. Berlin 1991. Kirchengeschichte in Einzeldarstellungen I/8.

–, Die orthodoxen Kirchen. Berlin 1991.

J. Gouillard, Kleine Philokalie zum Gebet des Herzens. Zürich 1957.

I. Hausherr, Hésychasme et prière. Ges. Aufsätze. Rom 1966.

–, Solitude et vie contemplative d'après l'Hésychasme. Abbaye de Bellefontaine 1980. Spiritualité orientale 3.

Il Monachismo orientale. Atti del convegno di studi orientali a Roma Aprile 1958. Orientalia Christiana Analecta 153. Roma 1958.

K. Kirchhoff (Hg.), Symeon der Neue Theologe. Licht vom Licht. Hymnen. 2. Aufl. München 1951.

J. Meyendorff, St. Grégoire Palamas et la mystique orthodoxe.

Maîtres spirituels 20. Paris 1959. Engl. Ausg.: St. Gregory Palamas and Orthodox Spirituality. New York 1974.

–, Die orthodoxe Kirche gestern und heute. Salzburg 1963.

–, Byzantine Hesychasme: historical, theological and social problems. Collected studies. London 1974.

G. *Wunderle*, Zur Psychologie des hesychastischen Gebets. 2. erw. Aufl. Würzburg 1949. Das östliche Christentum N. F. 2.

Kultur und Geschichte

HERDER / SPEKTRUM